STUDENT ACTIVITIES MANUAL

PUNTOS DE ENCUENTRO

A Cross-Cultural Approach to Advanced Spanish

María J. de la Fuente

Bassim Hamadeh, CEO and Publisher
Michael Simpson, Vice President of Acquisitions
Jamie Giganti, Managing Editor
Jess Busch, Senior Graphic Designer
Seidy Cruz, Acquisitions Editor

First published in the United States of America in 2016 by Cognella, Inc.

Printed in the United States of America

ISBN: 978-1-63487-551-6 (pbk) / 978-1-63487-552-3 (br)

www.cognella.com 800.200.3908

PUNTOS DE ENCUENTRO: A CROSS CULTURAL APPROACH TO ADVANCED SPANISH

STUDENT ACTIVITIES MANUAL

Table of Contents

UNIDAD 1: *Culturas prehispánicas, colonización e independencia* **3**

ENFOQUE 1: LAS CULTURAS PREHISPÁNICAS 4
    PERSPECTIVA LINGÜÍSTICA: VOCABULARIO 4
    PERSPECTIVA LINGÜÍSTICA: GRAMÁTICA 5

ENFOQUE 2: LA COLONIZACIÓN 11
    PERSPECTIVA LINGÜÍSTICA: VOCABULARIO 11
    PERSPECTIVA LINGÜÍSTICA: GRAMÁTICA 13

ENFOQUE 3: LOS PROCESOS DE INDEPENDENCIA 20
    PERSPECTIVA LINGÜÍSTICA: VOCABULARIO 20
    PERSPECTIVA LINGÜÍSTICA: GRAMÁTICA 21

UNIDAD 2: *Dictaduras y democracias* **29**

ENFOQUE 1: ARGENTINA, CHILE Y URUGUAY: DICTADURAS Y DEMOCRACIAS 30
    PERSPECTIVA LINGÜÍSTICA: VOCABULARIO 30
    PERSPECTIVA LINGÜÍSTICA: GRAMÁTICA 32

ENFOQUE 2: LA REVOLUCIÓN CUBANA (1959-hoy) 42
    PERSPECTIVA LINGÜÍSTICA: VOCABULARIO 42
    PERSPECTIVA LINGÜÍSTICA: GRAMÁTICA 43

ENFOQUE 3: ESPAÑA: GUERRA CIVIL, DICTADURA Y DEMOCRACIA 53
    PERSPECTIVA LINGÜÍSTICA: VOCABULARIO 53
    PERSPECTIVA LINGÜÍSTICA: GRAMÁTICA 55

UNIDAD 3: *España hoy* **64**

ENFOQUE 1: ORGANIZACIÓN POLÍTICA Y SOCIEDAD 65
    PERSPECTIVA LINGÜÍSTICA: VOCABULARIO 65
    PERSPECTIVA LINGÜÍSTICA: GRAMÁTICA 67

ENFOQUE 2: COM. AUTÓNOMAS, NACIONALISMO E INDEPENDENTISMO 74
    PERSPECTIVA LINGÜÍSTICA: VOCABULARIO 74
    PERSPECTIVA LINGÜÍSTICA: GRAMÁTICA 76

ENFOQUE 3: ESPAÑA EN EL MUNDO 84
    PERSPECTIVA LINGÜÍSTICA: VOCABULARIO 85
    PERSPECTIVA LINGÜÍSTICA: GRAMÁTICA 86

UNIDAD 4: *La América hispanohablante (I)* **91**

ENFOQUE 1: INDÍGENAS Y MOVIMIENTOS INDÍGENAS 92
   PERSPECTIVA LINGÜÍSTICA: VOCABULARIO 92
   PERSPECTIVA LINGÜÍSTICA: GRAMÁTICA 94

ENFOQUE 2: EL MAPA POLÍTICO DE AMÉRICA LATINA 101
   PERSPECTIVA LINGÜÍSTICA: VOCABULARIO 101
   PERSPECTIVA LINGÜÍSTICA: GRAMÁTICA 103

ENFOQUE 3: EL NARCOTRÁFICO Y LA VIOLENCIA 109
   PERSPECTIVA LINGÜÍSTICA: VOCABULARIO 109
   PERSPECTIVA LINGÜÍSTICA: GRAMÁTICA 111

UNIDAD 5: *La América hispanohablante (II)* **117**

ENFOQUE 1: MEDIOAMBIENTE Y DESARROLLO 118
   PERSPECTIVA LINGÜÍSTICA: VOCABULARIO 118
   PERSPECTIVA LINGÜÍSTICA: GRAMÁTICA 120

ENFOQUE 2: DESARROLLO ECONÓMICO Y DESARROLLO HUMANO 126
   PERSPECTIVA LINGÜÍSTICA: VOCABULARIO 126
   PERSPECTIVA LINGÜÍSTICA: GRAMÁTICA 128

ENFOQUE 3: CIENCIA, TECNOLOGÍA E INVESTIGACIÓN 133
   PERSPECTIVA LINGÜÍSTICA: VOCABULARIO 133
   PERSPECTIVA LINGÜÍSTICA: GRAMÁTICA 135

UNIDAD 6: *Hispanos en Estados Unidos* **140**

ENFOQUE 1: LOS HISPANOS/LATINOS EN ESTADOS UNIDOS 141
   PERSPECTIVA LINGÜÍSTICA: VOCABULARIO 141
   PERSPECTIVA LINGÜÍSTICA: GRAMÁTICA 143

ENFOQUE 2: LA INMIGRACIÓN A ESTADOS UNIDOS... 150
   PERSPECTIVA LINGÜÍSTICA: VOCABULARIO 150
   PERSPECTIVA LINGÜÍSTICA: GRAMÁTICA 152

ENFOQUE 3: EL ESPAÑOL EN ESTADOS UNIDOS Y EL BILINGÜISMO 158
   PERSPECTIVA LINGÜÍSTICA: VOCABULARIO 158
   PERSPECTIVA LINGÜÍSTICA: GRAMÁTICA 160

Nota 1: Unidades 1 y 2 : 94

Student Activities Manual (SAM)
UNIDAD 1
Culturas prehispánicas, colonización e independencia

Puntos de Encuentro

ENFOQUE 1: LAS CULTURAS PREHISPÁNICAS

PERSPECTIVA LINGÜÍSTICA: VOCABULARIO

SAM 1

Lee este texto sobre Teotihuacan, la ciudad más grande de la América precolombina. Identifica las cinco palabras que faltan. Escríbelas en singular o plural, según sea necesario.

caída   yacimiento   acontecimiento   apogeo   resto   huella

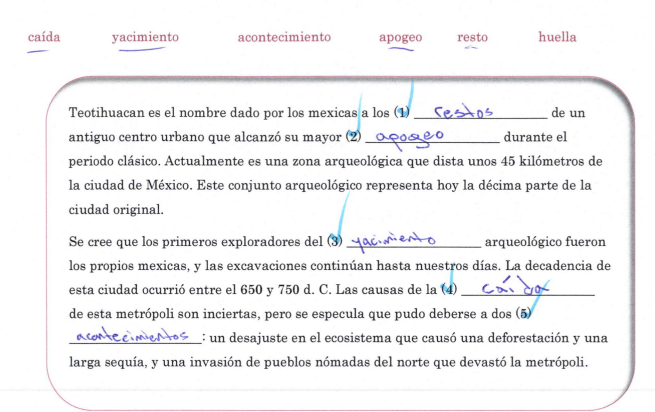

Teotihuacan es el nombre dado por los mexicas a los (1) _____restos_____ de un antiguo centro urbano que alcanzó su mayor (2) _____apogeo_____ durante el periodo clásico. Actualmente es una zona arqueológica que dista unos 45 kilómetros de la ciudad de México. Este conjunto arqueológico representa hoy la décima parte de la ciudad original.

Se cree que los primeros exploradores del (3) _____yacimiento_____ arqueológico fueron los propios mexicas, y las excavaciones continúan hasta nuestros días. La decadencia de esta ciudad ocurrió entre el 650 y 750 d. C. Las causas de la (4) _____caída_____ de esta metrópoli son inciertas, pero se especula que pudo deberse a dos (5) _____acontecimientos_____ : un desajuste en el ecosistema que causó una deforestación y una larga sequía, y una invasión de pueblos nómadas del norte que devastó la metrópoli.

SAM 2

Lee estos fragmentos de textos narrativos sobre los antiguos pobladores de América. Escribe el equivalente en español de la palabra o expresión en negrita. ¡Atención! Asegúrate de que escribes la palabra con el género (masculino o femenino) y número (singular o plural) correctos. Escribe el artículo (*el, la, los, las*) antes del nombre.

1. The **pre-Columbian** _____precolombino_____ era incorporates all history of the Americas before the appearance of significant European influences on the American continents.

2. The population figures for **indigenous peoples** _____los indígenas_____ of the Americas in the New World before the 1492 voyage of Christopher Columbus are difficult to establish.

3. The researchers rely on archaeological data and written records from European **settlers**
X _los pobladores_ . los colonos

4. Between the years 750 and 900 much of the Mayan population disappeared. The last **hieroglyphic** _el jeroglífico_ in the city of Copan was dated in the year 800.

5. American **civilizations** _las civilizaciones_ like the Mayans displayed impressive accomplishments in astronomy and mathematics.

SAM 3

Escribe la palabra que falta (nombre o verbo) en el espacio en blanco.

	VERBOS	NOMBRES
1.	cultivar	el
2.		la invasión
3.		el rey
4.		la población
5.		la fundación
6.	mover	el

PERSPECTIVA LINGÜÍSTICA: GRAMÁTICA

SAM 1   *Uso del pretérito y del imperfecto* (Gramática 1-1)

Estudia la Gramática 1-1. Después haz este ejercicio. ¿Cuál es la función de los verbos en pasado en estas frases? Elige la respuesta correcta.

1. La sociedad maya **tenía** una estructura piramidal.

    a. escenario de otra acción

    b. acción en desarrollo

    c. descripción

2. Los sacerdotes españoles **destruían** sistemáticamente los libros de los mayas para hacer desaparecer toda marca de creencias paganas.

    a. descripción

    b. acción en desarrollo

    c. acción habitual o repetida

3. Los mayas **desarrollaron** un calendario solar.

    a. acontecimiento en el pasado

    b. descripción

    c. acción habitual

4. En el siglo XVI el imperio azteca **llegaba** desde el Pacífico hasta el golfo de México.

    a. descripción

    b. acontecimiento en el pasado

    c. circunstancias de otra acción

5. Los primeros pobladores **llegaron** a América entre los años 25.000 y 50.000 a.C.

    a. acontecimiento en el pasado

    b. descripción

    c. acción en desarrollo

6. Antes del descubrimiento de Caral **se creía** que las civilizaciones prehispánicas más antiguas eran la olmeca (México) y la chavín (Perú).

    a. opiniones o ideas antes de conocer datos nuevos

    b. circunstancias de otra acción

    c. descripción

SAM 2   *Uso del pretérito y del imperfecto* (Gramática 1-1)

Lee estas frases extraídas de textos narrativos sobre las culturas precolombinas. Después escribe los verbos en paréntesis en la forma correcta del *imperfecto* o *pretérito*.

1. En 1929, unos arqueólogos (encontrar) _____ las primeras piezas de la cultura Clovis en el área de Nuevo México.

2. Durante su época de esplendor, Teotihuacan, México, (tener) _____ una población de unos 200.000 habitantes.

3. Cuando en el año 1492 los exploradores españoles llegaron a tierras americanas, (haber) _____ varias culturas originarias.

4. El emperador azteca Moctezuma reinó entre 1502 y 1520 sobre un imperio que (extenderse) _____ desde el Pacífico hasta el golfo de México.

5. Entre el 200 y 900 a.C., los mayas (construir) _____ templos y centros ceremoniales comparables a las pirámides de Egipto.

6. La cultura *nazca* en Perú (desarrollarse) _____ durante el periodo clásico.

SAM 3   *Uso del pretérito y del imperfecto* (Gramática 1-1)

Lee este texto sobre la cultura Clovis, una de las culturas más antiguas de América. Después escribe los verbos que faltan en la forma correcta del *imperfecto* o *pretérito*.

Durante mucho tiempo la cultura Clovis ha sido considerada la cultura indígena más antigua del continente americano, con una antigüedad de 13.500 años aproximadamente. Su nombre viene de la localidad de Clovis, en Nuevo México, donde en el año 1929 los arqueólogos (encontrar) [1] _____ las primeras piezas de esta cultura.

Sabemos que la gente de Clovis (tener) [2] _____ que sobrevivir en un medio muy ingrato y para ello (organizarse) [3] _____ en pequeños grupos nómadas para cazar. Sus principales presas (ser) [4] _____ los mamuts, que ellos (usar) [5] _____ para fabricar herramientas.

La cultura Clovis (6. desaparecer) [6] _____ abruptamente y algunos científicos sostienen que el impacto de un cometa (ser) [7] _____ la causa de su rápida extinción. Los expertos piensan que su origen es probablemente asiático y se cree que los antepasados de los Clovis (llegar) [8] _____ a América cruzando el estrecho de Bering.

SAM 4   *Uso del pretérito y del imperfecto* (Gramática 1-1)

Lee este fragmento sobre el imperio inca. Después escribe los verbos que faltan en la forma correcta del *imperfecto* o *pretérito*.

El imperio incaico fue un estado de América del Sur, gobernado por los incas, que (extenderse) [1] _____ por la zona occidental del subcontinente entre los siglos XV y XVI. Esta (ser) [2] _____ la etapa en que la civilización incaica logró su máximo nivel organizativo. Durante los años de existencia del imperio inca, sus instituciones y formas de gobierno de corte comunista (mezclarse) [3] _____ de manera original con un régimen monárquico.

En la sociedad inca, el dirigente máximo (ser) [4] _____ el Sapa Inca, considerado descendiente directo del Dios Sol, quien era asesorado por un Consejo de nobles. Por su parte, el pueblo (organizarse) [5] _____ en clanes familiares que (tener) [6] _____ su propio jefe y leyes. Los jóvenes nobles incas (asistir) [7] _____ al *yachayhuasi* (casa del saber), en Cusco, para aprender funciones de gobierno, aritmética, astronomía, normas morales, historia, religión, educación física y militar. En cambio, los niños y jóvenes del pueblo (recibir) [8] _____ una educación práctica (agricultura, religión, caza y pesca).

SAM 5   *Uso del pretérito y del imperfecto* (Gramática 1-1)

Lee este fragmento de una narración sobre la caída del imperio inca. Después escribe los verbos que faltan en la forma correcta del *imperfecto* o *pretérito*.

El esplendor del imperio inca (terminar) [1] _____ de manera drástica y rápida. En 1532, el emperador Atahualpa, que (conseguir) [2] _____ el poder tras ganar una guerra civil contra su hermano Huáscar, (gobernar) [3] _____ un imperio grande pero débil. Un día, Atahualpa (saber) [4] _____ que unos hombres blancos –Pizarro y sus hombres– (acercarse) [5] _____ . Atahualpa (decidir) [6] _____ invitarlos a encontrarse en Cajamarca por medio de un emisario que les (llevar) [7] _____ regalos. Pizarro aceptó. Mientras Atahualpa (esperar) [8] _____ , Pizarro y sus hombres (conquistar) [9] _____ la ciudad de Cajamarca y más tarde Pizarro ordenó ejecutar a Atahualpa.

SAM 6 *Uso del pluscuamperfecto* (Gramática 1-2)

Lee estas frases relacionadas con las antiguas civilizaciones precolombinas. Marca qué respuesta o respuestas son posibles para completar los espacios en blanco.

1. Antes de su descubrimiento de la ciudad de Caral, la investigadora Ruth Shady _____ sobre unos montículos misteriosos en el desierto.

   a. había oído
   b. oyó

2. La civilización inca fue una de las más importantes de la América precolombina, pero miles de años antes ya _____ una civilización en la zona de Caral-Supe.

   a. había existido
   b. existió

3. Cuando las primeras civilizaciones aparecieron en el norte de América, _____ civilizaciones en el sur por miles de años.

   a. habían existido
   b. existieron

4. Cuando los españoles llegaron al área de Mesoamérica, los aztecas _____ el más vasto imperio en menos de 200 años.

   a. habían construido
   b. construyeron

5. Hacia el año 1000 d. C. el imperio maya ya _____.

   a. había desaparecido
   b. desapareció

6. Los arqueólogos de la excavación maya encontraron cincuenta cadáveres de personas que _____ de una manera terrible.

   a. habían muerto
   b. murieron

SAM 7 Uso del pluscuamperfecto (Gramática 1-2)

Lee estas frases referidas a las antiguas civilizaciones precolombinas. Decide si el uso del pluscuamperfecto en estas frases es correcto (C) o incorrecto (I).

1.	Hiram Bingham descubrió Machu Picchu en 1911, pero cuarenta años antes un empresario alemán *había saqueado* la ciudadela.	C	I
2.	Se cree que un cometa se estrelló en el área y *había destruido* la cultura Clovis.	C	I
3.	Según algunos historiadores, otras poblaciones *habían llegado* a América antes de la cultura Clovis.	C	I
4.	Atahualpa se convirtió en emperador de los incas porque poco antes *había vencido* a su hermano Huáscar en una guerra.	C	I
5.	Los mayas pudieron escribir miles de códices porque *habían desarrollado* un sistema de escritura.	C	I
6.	Los incas *se habían organizado* en clanes familiares.	C	I

SAM 8   *Uso del pluscuamperfecto* (Gramática 1-2)

Lee este fragmento sobre la cultura Chavín en Perú. Escribe los verbos en la forma del *pluscuamperfecto* cuando sea posible. Si no es posible, usa el *pretérito*.

La cultura Chavín fue una civilización del Antiguo Perú que (extenderse) [1]

_____ por gran parte de los Andes Centrales entre los años 800 y 200 a. C.

En 1919, el arqueólogo peruano Julio Tello (descubrir) [2] _____ los restos

de una fortaleza – el castillo Chavín de Huantar- que tenía una ubicación estratégica como

punto de contacto entre costa, sierra y selva. Tello dedujo (deducted) que la cultura Chavín

(dominar) [3] _____ gran parte del norte y el centro del Perú. También

Tello concluyó que esta cultura (alcanzar) [4] _____ un gran nivel de

desarrollo en agricultura, arquitectura y cerámica. Este arqueólogo la identificó como

"cultura matriz del Perú", pero en ese momento todavía no se (descubrir) [5]

_____ la cultura de Caral, más antigua aún. A principios de la era

cristiana, la cultura Chavín ya (desaparecer) [6] _____.

ENFOQUE 2: LA COLONIZACIÓN

PERSPECTIVA LINGÜÍSTICA: VOCABULARIO

SAM 1

Lee este texto sobre los avances técnicos que hicieron posible el viaje de Colón. Identifica las ocho palabras que faltan. ¡Atención! ¡escribe las palabras en singular o plural según sea necesario. Si son verbos, escríbelos en la forma correcta del pretérito.

empresa   corona   nave   territorio   emprender

rumbo   partir   navegación   propuesta

El viaje de Colón a América fue posible gracias a una serie de avances técnicos, como el perfeccionamiento de la brújula y el sextante, que permitió a los barcos pasar de la (1) _navegación_ de cabotaje (*costal*) a la de alta mar (*open sea*). También la construcción de (2) _naves_ adecuadas facilitó el arte de la vela (sailing). Esto hizo posible en el siglo XV que se encontraran (3) _territorios_ alejados de las costas continentales de Europa y África, como Canarias, Madeira, Azores y Cabo Verde. De esta manera, el viaje de Colón a América estaba preparado para realizarse en cualquier momento.

Cuando la (4) _corona_ portuguesa rechazó su (5) _~~empresa~~ propuesta_ para llegar a las Indias por el oeste, Colón marchó a Castilla para pedir apoyo a su (6) _empresa_. Con el respaldo de la reina de Castilla, el 3 de agosto de 1492, Colón (7) _partió_ del puerto de Palos, en el sur de España, con un centenar de hombres (8) _rumbo_ a un oeste desconocido hasta entonces.

SAM 2

Lee estos fragmentos de textos narrativos en inglés. Escribe el equivalente en español de la palabra o expresión en negrita. Asegúrate de que escribes la palabra con el género (masculino o femenino) y número (singular o plural) correctos. Escribe el artículo (*el, la, los, las*) antes del nombre. Si es un verbo, escríbelo en el tiempo correcto.

1. The document known as the Capitulations of Santa Fe was an **agreement** _un acuerdo_ ✓ between Ferdinand and Isabella of Spain and Columbus. It established that Columbus would become the viceroy and governor of all discovered land, would have rights to 10% of all assets brought to Spain.

2. In 1573 a Spanish law forbade **slavery** _la esclavitud_ ✓ and gave strict regulations on the treatment of the local population in the new Spanish colonies.

3. In 1532, 168 Spanish soldiers under Francisco Pizarro and their native allies captured the emperor of Inca Empire. It was the first step in a long campaign that took decades of fighting to **subdue** _someter_ the mightiest empire in South America.

4. From the 16th century through the early 20th century, no fewer than 93 confirmed epidemics and pandemics —all of which can be attributed to European contagions— **decimated** _✗ diezmado_ _diezmó_ the American Indian population.

5. The *encomienda* system was invented by the Spanish to rule upon the indigenous peoples to maintain a sufficient **working force** _mano de obra_ for the exploitation of America's natural resources.

SAM 3

Escribe la palabra que falta (nombre o verbo) en el espacio en blanco.

	VERBOS	NOMBRES
1.	acordar	el
2.	desaparecer	la
3.		el dominio
4.	proponer	la
5.	navegar	la
6.		el regreso

PERSPECTIVA LINGÜÍSTICA: GRAMÁTICA

SAM 1   *Uso del pretérito y del imperfecto* (Gramática 1-1)

Estudia la Gramática de 1-1. Después lee estas frases sobre el tema de la conquista y la colonización.. ¿Cuál es la función de los verbos en pasado? Elige la respuesta correcta.

1. La colonización española **fue** muy diferente de la colonización británica.

    a. descripción global de un período específico de tiempo
    b. circunstancias de otra acción
    c. acontecimiento en el pasado

2. En 1492, en lo que hoy es Latinoamérica, **convivían** grupos nómadas, aldeas y ciudades pequeñas y grandes.

    a. situación
    b. escenario de otra acción
    c. acontecimiento en el pasado

3. Cristóbal Colón **realizó** tres viajes entre 1493 y 1504.

    a. descripción
    b. acción repetida en un período específico de tiempo
    c. acción habitual en el pasado

4. Colón **pensaba** que el océano Atlántico era muy estrecho.

    a. descripción
    b. opiniones o ideas antes de conocer datos nuevos
    c. circunstancias de otra acción

5. Durante los primeros 130 años de la colonización **murió** el 95% de la población originaria.

    a. acción en desarrollo
    b. descripción
    c. acción que ocurre en un periodo de tiempo específico

6. Los españoles **iban** a América en busca de oro y riquezas.

    a. escenario de otra acción
    b. descripción
    c. acción habitual en el pasado

SAM 2   *Uso del pretérito y del imperfecto* (Gramática 1-1)

Lee estas frases sobre la época colonial. Después escribe los verbos en paréntesis en la forma correcta del *imperfecto* o *pretérito*.

1. En 1537, el Papa Pablo III declaró que los indígenas (ser) _____eran_____ hombres en todas sus capacidades.

2. La Corona española incorporó los extensos territorios del continente americano y a los pueblos que (habitar) _____habitaban_____ estos territorios cuando llegaron los colonizadores.

3. Muchísimos indígenas americanos (morir) _____murieron_____ en los primeros 130 años de la conquista europea.

4. A fines del siglo XVII (empezar) _____empezó_____ a declinar el poder hegemónico de España y Portugal.

5. Los españoles establecieron el sistema de encomiendas porque la disponibilidad de españoles para el trabajo físico (ser) ___X ~~era~~ fue___ escasa. *era*

6. En la época colonial las ciudades se (construir) ___construían___ según el modelo castellano, con una Plaza de Armas en el centro.

SAM 3   *Uso del pretérito y del imperfecto* (Gramática 1-1)

Lee este texto sobre los objetivos de la colonización española. Después escribe los verbos en paréntesis en la forma correcta del *imperfecto* o *pretérito*.

La expansión española en América tuvo tres circunstancias ideológicas y políticas. En primer lugar, España (tener) [1] ~~X tuvo~~ tenía un ejército muy organizado y ansioso de nuevas conquistas heroicas en nombre del cristianismo. En segundo lugar, el catolicismo, el idioma español y el absolutismo de la Corona (ser) [2] ~~fueron~~ eran los elementos unificadores de la nueva identidad nacional. Finalmente, España (querer) [3] __quería__ expandir sus territorios en busca de riquezas para sostener una economía basada en la guerra y en la posesión de tierras.

[Continúa en la pág. siguiente...]

Por eso la conquista en su conjunto (ser) [4] _____ fue _____ una operación fundamentalmente militar, pero también evangelizadora. Una vez que España (conquistar) [5] _____ conquistó _____ un vasto terreno, el esfuerzo militar (concentrarse) [6] _____ se concentraba _____ se concentró en neutralizar la intervención de otras potencias en la zona, tales como los bucaneros ingleses. Además, la Corona española (establecer) [7] _____ estableció _____ un fuerte monopolio comercial sobre sus territorios de ultramar, y una estructura autoritaria, burocrática y jerárquica que (durar) [8] _____ duró _____ más de tres siglos y que hasta el presente influencia la cultura, economía y política de la región.

SAM 4   *Uso del pluscuamperfecto* (Gramática 1-2)

Lee estas frases sobre la conquista y la colonización. Decide, para cada una de ellas, si el *pluscuamperfecto* y el *imperfecto* son ambos (*both*) posibles. Si los dos tiempos verbales son posibles, escribe el verbo en los dos tiempos. Si no, escribe solamente el *pluscuamperfecto*.

1. Cristóbal Colón decidió presentar su proyecto a los reyes de España. Antes, Colón (presentar) _____ había presentado _____ o _____ presentaba _____ su proyecto en Portugal sin éxito.

2. Cuando Colón murió, (él, viajar) _____ había viajado _____ o _____ cuatro veces a América.

3. Pizarro comenzó la conquista del imperio incaico en 1531. Para 1532, los españoles ya (cruzar) _____ habían cruzado _____ o _____ la cordillera de Los Andes.

4. El explorador Francisco Vázquez de Coronado condujo una expedición en 1540 hasta la ciudad de Quivira (en lo que hoy es Kansas) porque (oír) _____ había oído _____ o _____ oyó _____ que esta ciudad estaba llena de riquezas.

5. Cuando empezaron a llegar los esclavos africanos a América, la mayor parte de los indígenas (morir) _____ habían muerto _____ o _____.

6. Antes de los viajes de Colón, varios marinos portugueses ya (hacer) _____ habían hecho _____ o _____ varios viajes al extremo oriente, fundando colonias en las costas de África.

SAM 5   *Fechas, años y siglos* (Gramática 1-3)

Lee estos datos sobre la llegada de Hernán Cortés a México. Escribe las palabras que faltan en las fechas.

en   de   el   a

A principios (1) __de__ 1519, Diego Velázquez, gobernador de la isla de Cuba, primera posesión española en América, decidió organizar una expedición exploratoria de las costas del golfo de México, bajo el mando de Hernán Cortés. La expedición salió de Carenas (La Habana) (2) __el__ 10 (3) __de__ febrero (4) __de__ 1519.

(5) __en__ julio, Cortés fundó la ciudad de Villa Rica de la Vera Cruz. El siguiente punto de la expedición fue Cempoala, donde se le unió la población local, enfrentada al poder azteca. El emperador azteca, Moctezuma, decidió enfrentarse al invasor en Cholula, donde la población preparó una emboscada. Sin embargo, Cortés se adelantó y atacó primero, realizando una gran matanza. El camino hacia la capital del imperio azteca quedó libre y Cortés entró en Tenochtitlan (6) __a__ mediados de noviembre de ese año. Con su caída, comenzó la conquista del resto del territorio y pueblos indígenas.

SAM 6   *Fechas, años y siglos* (Gramática 1-3)

Completa estas frases con las fechas en español que corresponden a las fechas en inglés.

1. *Birthday of Columbus: October 1451*

   Colón nació __en octubre de 1451__.

2. *Dead of Columbus: May 20, 1506*

   Colón murió __el 20 de mayo de 1506__.

3. *First trip: August 3, 1492*

   Colón hizo su primer viaje a América __el tres de agosto de 1492__.

4. *Last trip: 1502*

   Colón hizo su último viaje __en 1502__.

5. *Four trips between 1492 and 1503*

   Entre __1492 y 1503__ Colón hizo un total de cuatro viajes.

SAM 7   *Marcadores temporales* (Gramática 1-4)

Lee este texto sobre la muerte del emperador inca Atahualpa a manos del conqistador español Francisco Pizarro. Elige la expresión o expresiones que tengan el mismo significado que la parte en negrita en el texto. ¡Atención!: puede haber una o más. Marca todas las que sean correctas.

Pizarro comenzó la famosa conquista del imperio incaico desde Panamá en 1531, con 200 soldados y unos 65 caballos. (1) **Diez meses después**, los españoles ya habían cruzado la cordillera de Los Andes hasta el pueblo inca de Cajamarca. (2) **En ese momento** se enteraron de que el ejército inca tenía miles de soldados. Allí, los conquistadores solicitaron entrevistarse con el Inca Atahualpa, quien poco antes se había coronado como emperador tras una guerra civil contra su hermano Huáscar.

El Sapa Inca (jefe supremo), no estaba preocupado por la amenaza de los extranjeros y, (3) **después de varios días**, llegó con unos trescientos guardaespaldas ligeramente armados. Cuando Atahualpa llegó, los españoles atacaron e hicieron prisionero al emperador, quien aceptó llenar de oro y plata un salón para pagar su rescate. Sin embargo, (4) **una vez** recibido el pago, Pizarro decidió ejecutar a Atahualpa. (5) **Poco después** los españoles marcharon sobre Cuzco, la capital del imperio incaico, sin encontrar resistencia.

1. ☐ al cabo de diez meses
   ☐ diez meses siguientes
   ☐ a los diez meses

2. ☐ entonces
   ☐ desde entonces
   ☐ después de

3. ☐ varios días después
   ☐ varios días entonces
   ☐ tras varios días

4. ☐ después de recibir
   ☐ al recibir
   ☐ tras recibir

5. ☐ después de
   ☐ luego
   ☐ de repente

SAM 8   *Marcadores temporales* (Gramática 1-4)

Lee este texto sobre la vida de Cristóbal Colón. ¿Puedes identificar qué palabras faltan para marcar el tiempo correctamente?

después de	ese	tarde	después
antes	al cabo de	tras	a los

Cristóbal Colón nació en 1451 y desde su juventud fue amante del mar. En varios documentos se le relaciona con la navegación: en un barco corsario, en tropas navales de Nápoles o en flotas genovesas, y también en barcos dedicados al comercio. Durante un viaje a bordo de un barco mercante, el barco fue atacado por unos corsarios. Colón se salvó y llegó hasta la costa de Portugal. Poco (1) ___después___ se instaló en Lisboa, donde conoció a su esposa, Felipa Moniz de Perestrello, descendiente de una familia noble. Unos años más (2) ___tarde___ su esposa murió, y (3) ___a los___ dos años Colón se casó con Beatriz Enríquez de Arana.

Durante los años que vivió en Portugal, Colón se dedicó fundamentalmente al comercio. Así trató con numerosos marineros que le contaron historias sobre la existencia de tierras más allá del mar. (4) ___Tras___ varios años, Colón elaboró su proyecto de una ruta occidental a las Indias y lo presentó a la corte portuguesa, pero fue rechazado. (5) ___Después de___ morir su esposa abandonó Portugal y se fue a España. En 1492 su plan, que seis años (6) ___antes___ había sido rechazado por los Reyes católicos, fue aprobado. (7) ___Ese___ año, el 3 de agosto de 1492, la expedición partió rumbo a las Indias. (8) ___Al cabo de___ dos meses, llegaron a las costas de Guanahaní.

SAM 9   *Marcadores temporales* (Gramática 1-4)

Lee este texto sobre Hernando de Soto, uno de los conquistadores españoles que exploró la zona del sureste de lo que hoy es Estados Unidos. En el texto hay varios *marcadores de tiempo* que tienes que escribir en español. En algunos casos hay varias posibilidades: usa la que tú quieras.

El español Hernando de Soto participó en 1522 en la expedición que descubrió la costa de Nicaragua, y **two years later** (1) _____ , en 1524, en la conquista de este territorio.

En 1528 de Soto condujo su propia expedición a lo largo de la costa de Yucatán, esperando encontrar la conexión directa por mar entre el Océano Atlántico y el Pacífico. **Later** (2) _____ acompañó a Francisco Pizarro en su empresa en Perú. En 1532 Pizarro hizo prisionero al emperador inca Atahualca. **Since then** (3) _____ de Soto visitó a Atahualpa con frecuencia durante su confinamiento y entabló amistad con él. **Once** (4) _____ Atahualpa fue ejecutado, de Soto se separó de Pizarro. De Soto, **after** (5) _____ ver las legendarias riquezas en Perú y leer un informe escrito por Alvar Núñez Cabeza de Vaca, sospechó de una riqueza similar en Florida y vio su ocasión para realizar una conquista famosa como las de Pizarro y Cortés. **Then** (6) _____ vendió gran parte de sus bienes y **a little later** (7) _____ salió con su expedición. En 1539 partió a la conquista de la Florida. **The year before** (8) _____ había sido gobernador de la isla de Cuba.

ENFOQUE 3: LOS PROCESOS DE INDEPENDENCIA

PERSPECTIVA LINGÜÍSTICA: VOCABULARIO

SAM 1

Lee este texto sobre el levantamiento de las colonias españolas y Simón Bolívar. Identifica las palabras que faltan. ¡Atención!: escribe las palabras en singular o plural según sea necesario.

derecho	libertador	criollo	batalla
levantamiento	ejército	riqueza	libertad

En 1809 se produce un (1) __levantamiento__ generalizado contra el dominio español en América. La conciencia emancipadora surgió dentro de los intelectuales (2) __criollos__ , los hijos de los españoles nacidos en las colonias, influenciados por las ideas contenidas en la Declaración de la Independencia de los EE.UU. y la Declaración de los (3) __derechos__ del Hombre de los franceses.

Entre los líderes, también llamados (4) __libertadores__, el más destacado fue Simón Bolívar, que provenía de una familia de (5) __riqueza__ , bienestar y poder social. Bolívar dirigió las guerras independentistas de Venezuela, Colombia, Ecuador y Perú y creó Bolivia. En 1813 invadió Venezuela y proclamó "la guerra a muerte" a favor de la (6) __libertad__ . Once años después, con la derrota del (7) __ejército__ español en la (8) __batalla__ de Ayacucho quedó eliminado el dominio de España en Sudamérica.

SAM 2

Lee estos fragmentos de textos narrativos. Escribe el equivalente en español de la palabra en negrita. Asegúrate de que escribes la palabra con el género (masculino o femenino) y número (singular o plural) correctos. Escribe el artículo (*el, la, los, las*) antes del nombre.

1. The Spanish Governor in St. Agustin decided he didn't want to follow the official edict giving runaway slaves **freedom** _____ in Florida.

2. The privileges given to *peninsulares*, who were Spanish and born in Spain, created tensions with the **creole** _____ and this contributed to the desire to break free of Spain.

3. A number of **pro-independence** _____ movements between 1810 and 1825 resulted in a chain of newly independent Spanish American republics in South and Central America.

4. Miguel Hidalgo planned to organize and lead an **uprising** _____ that would give Mexico (New Spain) independence from Spain, and give power to the Indians.

5. As a settler in the New World, Bartolomé de las Casas witnessed the poor treatment of the Natives Americans by the Spanish colonists and advocated before King Charles V on behalf of **rights** _____ for the natives.

SAM 3

Escribe la palabra que falta (nombre o verbo) en el espacio en blanco.

	VERBOS	NOMBRES
1.		el avance
2.		la abolición
3.	levantar	el
4.	liberar	el
5.		el gobierno
6.		la invasión

PERSPECTIVA LINGÜÍSTICA: GRAMÁTICA

SAM 1   *Uso del pretérito y del imperfecto* (Gramática 1-1)

Estudia la Gramática de 1-1. Después lee estas frases sobre las independencias de las colonias españolas en América. ¿Cuál es la función de los verbos en pasado? Elige la respuesta correcta.

1. A principios del siglo XIX, España y Portugal **dominaban** la mayor parte del continente americano.

    a. acción habitual en el pasado

    b. situación en el pasado

    c. acontecimiento en el pasado

2. Bolivia **se independizó** de España en 1825.

    a. situación

    b. acontecimiento en el pasado

    c. descripción

3. Entre 1776 y 1828 **ocurrieron** la mayor parte de los procesos de independencia de las colonias americanas.

    a. acción repetida

    b. descripción

    c. acción que dura un período de tiempo específico

4. Simón Bolívar **fue** una de las figuras más destacadas de la emancipación americana del imperio español.

    a. descripción referida a un período completo de tiempo

    b. acción puntual en el pasado

    c. circunstancias de otra acción

5. La madre de Bolívar murió cuando este **tenía** 9 años.

    a. circunstancias en las que ocurre otra acción

    b. acción habitual en el pasado

    c. acción que ocurre en un periodo de tiempo específico

6. El movimiento independentista mexicano **tuvo** como referentes la Ilustración y las revoluciones liberales de la última parte del siglo XVIII.

    a. acción que ocurre en un periodo de tiempo específico

    b. descripción

    c. acción habitual en el pasado

SAM 2 *Uso del pretérito y del imperfecto* (Gramática 1-1)

Lee estas frases extraídas de textos narrativos. Después escribe los verbos en paréntesis en la forma correcta del *imperfecto* o *pretérito*.

1. En agosto de 1823 Bolívar tomó comando de la invasión de Perú y en septiembre (llegar) _____ a Lima para planear el ataque.

2. En la época colonial, los criollos (ser) _____ los únicos que tenían acceso a cargos en el gobierno o la iglesia.

3. Las ideas de la Revolución Francesa (ser) _____ muy importantes en la emancipación de las colonias americanas.

4. George Washington dijo que la libertad (ser) _____ "una planta de rápido crecimiento".

5. Las guerras de independencia de la América española (inspirarse) _____ en las de Estados Unidos y Haití.

6. Los criollos blancos en todas las colonias (querer) _____ la independencia por razones económicas, políticas y sociales.

SAM 3 *Uso del pretérito y del imperfecto* (Gramática 1-1)

Lee este texto sobre la independencia de México. Después escribe los verbos en paréntesis en la forma correcta del *imperfecto* o *pretérito*.

El 16 de septiembre de 1810 Miguel Hidalgo, un cura del pueblo de Dolores, que (ser) [1] _____ muy culto y que (conocer) [2] _____ muy bien las ideas de la Ilustración, (alzar) [3] _____ la bandera de la rebelión. En 1808, las tropas napoleónicas (invadir) [4] _____ España y esto generó gran oposición tanto en España como en América. Surgieron entonces grupos de intelectuales que (discutir) [5] _____ en sus reuniones en torno a los problemas de la soberanía y la forma de gobernarse.

[Continúa en la pág. siguiente...]

En 1809 Hidalgo se unió a una de esas sociedades secretas con el propósito de reunir un congreso para gobernar el Virreinato de Nueva España en nombre del rey Fernando VII, que en ese momento (estar) [6] _____ preso en manos de Napoleón, y en último caso lograr la independencia. El 16 de septiembre de 1810, Hidalgo alzó un estandarte con la imagen de Nuestra Señora de Guadalupe, patrona de México, en el que se (leer) [7] _____ : "Viva la religión. Viva nuestra madre Santísima de Guadalupe. Viva Fernando VII. Viva la América y muera el mal gobierno". Este Grito de Dolores (ser) [8] _____ el inicio de la revuelta. La República Mexicana, establecida en 1824, reconoce a Hidalgo como padre de la patria. El 16 de septiembre, día en que proclamó su rebelión, se celebra en México el Día de la Independencia.

SAM 4   *Fechas, años y siglos* (Gramática 1-3)

Lee estos datos sobre la independencia de Bolivia. Escribe las palabras que faltan en las fechas.

1. El actual territorio de Bolivia, llamado el Alto Perú, formaba parte del Virreinato del Río de La Plata. _____ principios del Siglo XVII habían comenzado algunos intentos de rebelión.

    a. En
    b. A
    c. El

2. El foco cultural que expandió las ideas de libertad y emancipación fue la Universidad de Chuquisaca. Esta universidad había sido fundada _____ 1624.

    a. el
    b. en
    c. de

3. La Batalla de Ayacucho, librada _____ 9 _____ diciembre de 1824, fue el hito que consolidó definitivamente la emancipación de estos países.

    a. en ... de
    b. el ... en
    c. el ... de

4. Antonio José de Sucre, nacido en Venezuela _____ febrero _____ 1795, ocupó las cuatro provincias que conformaban el Alto Perú: Cochabamba, La Paz, Potosí y la Plata.

   a. el ... de
   b. en ... de
   c. en ... en

5. A _____ de 1826 se aprobó una Constitución redactada por Simón Bolívar.

   a. medios
   b. mediados
   c. mitad

SAM 5   *Fechas, años y siglos* (Gramática 1-3)

Completa las frases sobre Simón Bolívar con las fechas en español que corresponden a las fechas en inglés.

1. *Birthday of Bolivar: July 1783*

   Simón Bolívar nació __en julio de 1783__ .

2. *Dead of Bolivar: December 17, 1830*

   Simón Bolívar murió ~~en~~ __el 17 de diciembre en 1830__ .

3. *First visit to Spain: 1799*

   Bolívar hizo su primer viaje a España __en 1799__ .

4. *Independence of Venezuela: June 24, 1821*

   Bolívar consiguió la independencia de Venezuela __el 24 de junio de 1821__.

5. *Many letters written between 1813 and 1826.*

   Entre __1813 y 1826__ Bolívar escribió muchas cartas importantes.

SAM 6   *Marcadores temporales* (Gramática 1-4)

Lee este texto sobre el "Motín del té". Elige la expresión o expresiones que tengan el mismo significado que las palabras en negrita en el texto. Puede haber una o más. Marca todas las que sean correctas.

El Tratado de París, firmado en 1763, dio a Gran Bretaña derechos sobre Canadá y casi toda Norteamérica (media y septentrional) al este del río Misisipi. Esto condujo a un conflicto con sus colonias americanas. (1) **Entonces** el gobierno británico empezó a poner impuestos a muchos bienes importados; además, con la aprobación de la Ley de Estampillas, debían adherirse estampillas fiscales especiales a todos los periódicos, documentos legales y licencias. Estas medidas no gustaron en las colonias y (2) **al cabo de dos años** representantes de nueve colonias se reunieron en el "Congreso sobre la Ley de Estampillas" y protestaron contra el nuevo impuesto. Las tensiones se aliviaron cuando Lord North, el nuevo Primer Ministro británico, eliminó todos los nuevos impuestos excepto el del té. (3) **Pocos años más tarde**, en 1773, un grupo de patriotas respondió al impuesto a través del Motín del té: abordaron buques mercantes británicos en el puerto de Boston y (4) **luego** arrojaron al agua 342 sacos de té.

El parlamento promulgó entonces las "Leyes Intolerables": la independencia del gobierno colonial de Massachusetts fue restringida y se enviaron más soldados británicos al puerto de Boston. (5) **Dos años después**, en 1775, comenzó oficialmente la guerra, pero (6) **el año anterior** había tenido lugar en Filadelfia el Primer Congreso Continental, una reunión de líderes coloniales que se oponían a la opresión británica en las colonias. El 4 de julio de 1776, representantes de las Trece Colonias redactaron su Declaración de Independencia, constituyendo los Estados Unidos de América, primera nación independiente del continente.

1. ☐ en ese momento
   ☐ antes
   ☐ mucho después

2. ☐ dos años más tarde
   ☐ a los dos años
   ☐ luego dos años

3. ☐ pocos años después
   ☐ pocos años tarde
   ☐ a los pocos años

4. ☐ al día siguiente
   ☐ después
   ☐ desde entonces

5. ☐ a los dos años
   ☐ desde dos años
   ☐ dos años más tarde

6. ☐ un año antes
   ☐ al año antes
   ☐ antes de un año

SAM 7 *Marcadores temporales* (Gramática 1-4)

Asocia cada expresión con su función: ¿introduce una acción simultánea, anterior o posterior?

1. al día siguiente B
2. tres años más tarde B
3. al cabo de dos semanas B   A. Simultánea al momento en que se habla
4. de pronto A   B. Posterior al momento en que se habla
5. nada más llegar A B   C. Anterior al momento en que se habla
6. dos años antes C
7. en aquel momento A
8. ese mismo año A

SAM 8 *Marcadores temporales* (Gramática 1-4)

Completa estos párrafos con el marcador de tiempo adecuado.

1. Bolivia celebró en mayo de 2009 el bicentenario del primer movimiento independentista latinoamericano. Para los ecuatorianos, sin embargo, el primer grito de la independencia ocurrió 200 años _____ en Quito, el 10 de agosto de 1809.

   a. antes de
   b. antes
   c. luego

2. El museo Casa Miranda de Londres es la antigua casa del venezolano Francisco de Miranda. Allí fue donde Miranda convenció a Simón Bolívar, _____ de conocerse, de que lanzara sus campañas para liberar al continente de los españoles.

   a. a los pocos años
   b. una vez
   c. desde

3. La Guerra de Independencia cubana comenzó en 1895 y terminó _____ de tres años, en 1898.

   a. al cabo
   b. tras
   c. a los

4. En 1898 estalló la guerra entre Estados Unidos y España por los territorios de Cuba, Puerto Rico y Filipinas. _____ entonces, Puerto Rico fue administrada por Estados Unidos.

    a. Tras
    b. Desde
    c. Al cabo de

5. Haití se independizó en 1804, pero _____ ese momento, las demás colonias comenzaron sus procesos independentistas.

    a. antes de
    b. de repente
    c. a partir de

Student Activities Manual (SAM)
UNIDAD 2
Dictaduras y democracias

Puntos de Encuentro

ENFOQUE 1: ARGENTINA, CHILE Y URUGUAY
DICTADURAS Y DEMOCRACIAS

PERSPECTIVA LINGÜÍSTICA: VOCABULARIO

SAM 1

Lee este texto sobre Azucena Villaflor, fundadora de la asociación Madres de la Plaza de Mayo. Identifica las ocho palabras que faltan. Escribe los nombres y adjetivos con el género (masculino o femenino) y número (singular o plural) correctos. Si son verbos, escríbelos en la forma y tiempo adecuados.

impunidad	juzgar	restaurar	secuestrar	protesta
ejecutar	pacífico	desaparecido		

Durante la dictadura argentina (1976-1983), el ejército (1) ___ejecutaba___ *✗ ejecutó* un plan sistemático de desaparición de personas. Varias madres de estos (2) ___desaparecidos___ organizaron manifestaciones (3) ___pacíficas___ para conocer el paradero de sus hijos. La primera (4) ___protesta___ se produjo en abril de 1977 cuando Azucena Villaflor, junto con otras doce madres, caminó alrededor de la plaza de Mayo de Buenos Aires frente del palacio de gobierno. A ellas se unieron otras muchas madres para marchar todos los jueves y posteriormente fueron éstas las que crearon la asociación Madres de la Plaza de Mayo.

En diciembre de ese año, Azucena fue (5) ___secuestrada___, torturada y asesinada por orden del capitán Alfredo Astiz, quien disfrutó de (*enjoyed*) (6) ___impunidad___ cuando se (7) ___restauró___ la democracia en Argentina. Sin embargo, Francia lo (8) ___juzgó___ *in absentia* en 1990 condenándolo a cadena perpetua. A partir de ese momento, Astiz nunca más pudo salir de la Argentina sin correr el riesgo de ser detenido y enviado a Francia para cumplir su condena.

SAM 2

Lee estos fragmentos de textos narrativos referidos a los últimos períodos dictatoriales de Chile y Argentina. Escribe el equivalente en español de la palabra o expresión en negrita. ¡Atención!: escribe el artículo (*el, la, los, las*) si es un nombre. Escribe las palabras con el género (masculino o femenino) y número (singular o plural) correctos.

1. Pinochet's coup was described by Orlando Letelier, Salvador Allende's Washington ambassador, as an equal partnership between the **army** _____ and the economists.

2. The **Trial** _____ of the Juntas was the judicial trial of the members of the de facto military government that ruled Argentina during the dictatorship from 1976 to 1983.

3. During his presidency, Allende vacillated between compromise and **confrontation** _____ with the opposition.

4. Catholic Church leaders have urged Chile's president, Sebastián Piñera, **to pardon** _____ military officers jailed for abuses committed during the bloody military rule of General Augusto Pinochet.

5. When Raúl Alfonsín **took up office** _____ on December 10, 1983, he faced the difficult task of satisfying the demands of human rights groups and relatives of missing people.

SAM 3

Escribe la palabra que falta (nombre o verbo) en el espacio en blanco.

	VERBOS	NOMBRES
1.	juzgar	el
2.		el indulto
3.		el secuestro
4.	desaparecer	el
5.	dirigir	el
		la legalización

PERSPECTIVA LINGÜÍSTICA: GRAMÁTICA

SAM 1   *La voz pasiva* (Gramática 2-1)

Estudia la Gramática 2-1. Después elige la respuesta correcta para cada una de las preguntas.

1. Which of these sentences are passive sentences? There may be one or more!

   a. El pueblo argentino eligió a Juan Domingo Perón en 1946.

   b. Juan Domingo Perón fue elegido por el pueblo argentino en 1946.

   c. Juan Domingo Perón fue elegido en 1946.

2. What is the subject of this sentence?

   El pueblo argentino eligió a Juan Domingo Perón en 1946.

   a. el pueblo argentino

   b. Juan Domingo Perón

   c. eligió

3. What is the subject of this sentence?

   Juan Domingo Perón fue elegido por el pueblo argentino en 1946.

   a. el pueblo argentino

   b. Juan Domingo Perón

   c. fue elegido

4. What is the agent of this sentence?

   Juan Domingo Perón fue elegido por el pueblo argentino en 1946.

   a. el pueblo argentino

   b. Juan Domingo Perón

   c. fue elegido

5. Which one of these statements is true?

   a. A passive sentence always needs an agent.

   b. In a passive sentence, we may or may not have an agent.

   c. In a passive sentence, the agent and the subject are the same.

6. Passive verbs are formed ...

    a. with the verb SER + the past participle of the verb

    b. with the verb ESTAR + the past participle of the verb

    c. with the verb SER + the present of the verb

7. Which of these correctly translates the verb in English in this sentence?

*Los dictadores **are judged** por la historia.*

    a. es juzgada

    b. son juzgados

    c. están juzgados

8. A passive sentence with the pronoun *se* ...

    a. always has an explicit agent

    b. never has an explicit agent

    c. may or may not have an explicit agent

9. What is the correct way to say this passive sentence in Spanish?

Only 25 countries are considered full democracies.

    a. Sólo 25 países se consideran democracias plenas. ←

    b. Sólo 25 países son consideradas democracias plenas.

    c. Sólo 25 países son consideran democracias plenas.

10. What is the correct way to say this passive sentence in Spanish?

In 1946, Juan Domingo Perón was elected in Argentina.

    a. En 1946, Juan Domingo Perón se eligió en Argentina.

    b. En 1946, se eligió Juan Domingo Perón en Argentina.

    c. En 1946, se eligió a Juan Domingo Perón en Argentina.

11. Mark the correct way to say this passive sentence in Spanish.

Francisco Franco (the Spanish dictator) was not elected by the people.

    a. Francisco Franco no fue elegido por el pueblo.

    b. Francisco Franco no se eligió por el pueblo.

    c. El pueblo no fue elegido a Francisco Franco.

12. Mark the correct way(s) to say this passive sentence in Spanish.

The dictatorships of many countries were established with the help of the military.

(a) Las dictaduras de muchos países se establecieron con el apoyo del ejército.

(b) Las dictaduras de muchos países fueron establecidas con el apoyo del ejército.

c. Las dictaduras de muchos países fueron establecidos con el apoyo del ejército.

SAM 2   *La voz pasiva* (Gramática 2-1)

Lee estas frases sobre algunos hechos fundamentales de los últimos períodos dictatoriales en Argentina, Chile y Uruguay. En cada frase cambia el verbo en negrita a la forma pasiva con *se*. ¡Atención!: nota que todos los verbos están en pretérito.

1. Tras el golpe de estado de 1973 **fue instaurada** _se instauró_ una dictadura en Chile.

2. En los años ochenta **fueron privatizadas** _se privatizaron_ muchas empresas estatales de Chile.

3. Durante los años de las dictaduras **fueron cometidas** _se cometieron_ muchas violaciones de derechos humanos.

4. En 1976 **fueron eliminados** _se eliminaron_ los partidos políticos en Uruguay.

5. En 1980 **fue aprobada** _se aprobó_ una nueva constitución en Chile.

6. La prensa **fue ilegalizada** _se ilegalizó_ durante la dictadura de Uruguay.

SAM 3   *La voz pasiva* (Gramática 2-1)

Lee estas frases sobre los procesos de transición a la democracia en Argentina, Chile y Uruguay. Elige las respuestas correctas para completar las frases.

1. En 1985, después de doce años de dictadura, _____ a Julio María Sanguinetti presidente de Uruguay.

   a. fue elegido

   (b) se eligió

   c. se eligieron

2. La transición a la democracia _____ en Chile en 1990, cuando Augusto Pinochet entregó el poder al presidente democráticamente elegido: Patricio Aylwin.

    a. se inició

    b. fue iniciado

    c. se iniciaron

3. El 10 de diciembre de 1983 _____ en Argentina los decretos de creación de la Comisión Nacional sobre la Desaparición de Personas para investigar las violaciones a los derechos humanos ocurridas entre 1976 y 1983.

    a. fueron firmados

    b. se firmó

    c. fue firmado

4. En 1990 _____ el indulto a los líderes militares de la dictadura en Argentina Jorge Videla y Eduardo Massera, que habían sido condenados a cadena perpetua (*life in prison*) durante el gobierno de Raúl Alfonsín.

    a. fueron dados

    b. se dieron

    c. se dio

5. En Chile, en febrero de 1991 _____ público el informe de Violaciones a los Derechos Humanos durante el período del gobierno militar, conocido como el Informe Rettig.

    a. fue hecho

    b. se hicieron

    c. fueron hechos

6. La Ley de Caducidad de Uruguay es una ley con la que _____ la amnistía para los funcionarios militares y policiales que cometieron delitos cometidos antes del 1 de marzo de 1985.

    a. fue establecido

    b. se estableció

    c. se establecieron

SAM 4   *La voz pasiva* (Gramática 2-1)

Lee este texto sobre una de las dictaduras de Latinoamérica en el Siglo XX: la dictadura de la familia Somoza en Nicaragua. Después escribe los verbos –usando el *pretérito*– en la *forma correcta de voz pasiva*: con *se* o *ser*, según sea necesario. ¡Atención!: si hay un agente, usa la pasiva con *ser*. Si no hay un agente, usa la pasiva con *se*.

A principios del siglo XX Nicaragua era un país de gran inestabilidad política. El general Augusto Sandino lideró la lucha contra la intervención estadounidense hasta que (asesinar) [1] _fue asesinado_ por la Guardia Nacional en 1934. En Nicaragua iniciar) [2] _se inició_ entonces la dictadura de Anastasio Somoza, una etapa de dura represión.

Tras el asesinato de Anastasio en 1956 le sucedió su hijo Luis. A causa de las desigualdades económicas y la pobreza, en 1961 (formar) [3] _fue formado_ el Frente Sandinista de Liberación Nacional (FSLN) por un grupo de jóvenes, con el objetivo de iniciar la lucha armada contra la dictadura. En 1967 asumió la presidencia el tercer Somoza: Anastasio Somoza hijo. Durante su gobierno, la situación económica se deterioró mucho. Finalmente, en 1979 (derrocar) [4] _fue derrocado_ al dictador con el apoyo de Cuba y la Unión Soviética, y (formar) [5] _se formó_ una Junta de Gobierno cuyo presidente fue Daniel Ortega. Desde 1981, grupos armados anti-sandinistas que (financiar) [6] _fueron financiados_ por EE.UU. mantuvieron una guerra de guerrillas en el país que duró hasta 1990, cuando (elegir) [7] _fue elegida_ a la Presidenta Violeta Chamorro, candidata de una coalición anti-sandinista, en las elecciones de 1990.

SAM 5   *La voz pasiva* (Gramática 2-1)

Lee este texto sobre la dictadura militar de Rafael Trujillo y otros gobiernos dictatoriales en la República Dominicana durante gran parte del Siglo XX. Escribe los verbos en la forma correcta del *pretérito*, usando la *voz pasiva* con *ser* (si hay un agente) o con *se* (si no hay un agente explícito).

Estados Unidos invadió la República Dominicana en 1916, imponiendo un protectorado hasta 1924, año en el que (elegir) [1] _se eligió_ a Horacio Vásquez presidente en unas elecciones democráticas. Sin embargo Rafael Leónidas Trujillo, jefe de la Guardia Nacional, tomó el poder en 1930 y gobernó dictatorialmente con el apoyo de Washington hasta 1961, cuando su asesinato (planificar) [2] _fue planificado_ por la CIA.

[Continúa en la pág. siguiente...]

Su tiranía anticomunista y represora (considerar) [3] __fue considerado__ por todos los historiadores una de las más sangrientas del siglo XX. Más de 30.000 personas perdieron la vida y otras tantas fueron al exilio durante su gobierno. Durante 31 años, todos los estamentos del Estado funcionaron con total impunidad. Cuando murió, Trujillo era propietario del 71% de la tierra cultivable del país y del 90% de su industria.

Tras una rebelión popular, en 1963 (convocar) [4] __se convoco__ (se convocaron) las primeras elecciones democráticas del país, en las que Juan Bosch (elegir) [5] __fue elegido__ presidente por una mayoría de la población. Sin embargo, siete meses después otro golpe restituyó en el poder a los mismos militares de la dictadura trujillista. En abril de 1965 estalló una rebelión popular, que (aplastar) [6] __se aplasto__ (fue aplastada) por los Estados Unidos. Finalmente en 1978 el Partido Revolucionario Dominicano triunfó en las elecciones.

SAM 6   *La voz pasiva* (Gramática 2-1)

Lee este texto para conocer al escritor paraguayo Augusto Roa Bastos, uno de los principales exponentes de *la novela del dictador* en Latinoamérica. Después, escribe los verbos en la forma correcta del *pretérito* usando la *voz pasiva con ser* (cuando hay agente explícito) o con *se* (cuando no hay agente explícito).

El escritor paraguayo Augusto Roa Bastos (1917-2001) cuestionó los excesos del poder del dictador Alfredo Stroessner, que gobernó Paraguay entre 1954 y 1989. Esto le costó pasar casi 50 años alejado de su país en el exilio. Su novela más famosa, *Yo, el supremo*, (publicar) [1] _____ en 1974 y narra la vida del dictador Gaspar Rodríguez de Francia, quien gobernó Paraguay en el siglo XIX. En esta novela, Rodríguez de Francia (describir) [2] _____ por Roa Bastos como un tirano que condujo a su nación al oscurantismo. Desde el exilio, las violaciones a los derechos humanos de Stroessner (denunciar) [3] _____ por Roa Bastos y un movimiento de intelectuales paraguayos.

[Continúa en la pág. siguiente...]

Pocos años antes de la caída de Stroessner, Roa Bastos regresó a su país, pero (expulsar) [4] _____ por las autoridades y le quitaron el pasaporte. Entonces Roa Bastos fue a España y adquirió la nacionalidad española que le (conceder) [5] _____ por el gobierno de España.

Según Roa Bastos, tres libros en su producción: "Hijo de hombre", "Yo, el supremo" y "El Fiscal", tratan del Paraguay bajo la sombra del poder despótico desde 1870 hasta la insurrección en la que (derrotar) [6] _____ al dictador Stroessner en 1989. Su regreso definitivo a Paraguay fue en 1996.

SAM 7   *Uso del condicional en el pasado* (Gramática 2-2)

Lee estas frases sobre la dictadura argentina (1976-1983). Luego escribe el verbo en paréntesis en la forma correcta de *condicional* o *pretérito*.

1. Con el término Guerra Sucia se designa en la Argentina al régimen de violencia indiscriminada, persecuciones, represión ilegal, tortura sistematizada, desaparición forzada de personas y terrorismo de Estado que (caracterizar) _____ a la dictadura militar (1976-1983).

2. Cuando ocurrió el golpe de estado en 1976 en Argentina nadie pensaba que lo que (ocurrir) _____ después iba a ser algo tan horroroso como lo que sucedió.

3. Argentina fue, en realidad, el único país que (juzgar) _____ a los jefes militares una vez finalizada la dictadura.

4. Los grupos de derechos humanos y los familiares de los desaparecidos dijeron que el país no (tener) _____ futuro si no se continuaba la lucha contra la impunidad.

5. En el 35 aniversario del golpe, los organismos de derechos humanos dijeron que estos hechos no (repetirse) _____ nunca jamás en Argentina.

SAM 8   *Uso del condicional en el pasado* (Gramática 2-2)

Lee esta noticia sobre una ley controvertida aprobada en Chile en 2011 por el ex-presidente Sebastián Piñera. Después escribe los verbos en la forma correcta del *condicional* o del *imperfecto*, según sea necesario.

El ex-presidente chileno Sebastián Piñera retiró en 2011 la expresión "dictadura" para referirse al régimen de Augusto Pinochet en los libros de texto y planes de estudios de escolares de los niños de 6 a 12 años, y dijo que en adelante los libros (incluir) [1] _____ el término 'régimen militar'. El gobierno confirmó que (querer) [2] _____ un término "más general" para referirse a ese período histórico.

El Ministro de Educación explicó que este cambio (permitir) [3] _____ de cara al futuro una "comprensión global del proceso histórico". La modificación tuvo lugar en el segundo año del gobierno de Sebastián Piñera, que marcó el retorno de la derecha chilena al poder tras dos décadas en la oposición.

El presidente de la Comisión de Educación del Senado dijo que los cambios (estar) [4] _____ dirigidos a imprimir una visión derechista de la sociedad chilena. Los defensores de este cambio, sin embargo, alegan que la palabra 'dictadura' estigmatiza al gobierno de Pinochet, quien dijo en 1990 que (entregar) [5] _____ el poder democráticamente después de las elecciones, y así lo hizo. "Eso no se ha dado en ninguna dictadura del mundo, sólo en Chile".

SAM 9   *Uso del condicional en el pasado* (Gramática 2-2)

Lee estas frases relacionadas con algunas de las leyes aprobadas después de los períodos de dictadura en los países del Cono Sur. Selecciona el verbo que completa correctamente las frases.

1. En Argentina, el libro (informe) titulado *Nunca más*, entregado al Presidente argentino Raúl Alfonsín el 20 de septiembre de 1984, afirmaba que nunca más _____ los terribles eventos de la última dictadura militar.

   a. ocurrirían

   b. ocurrían

   c. ocurrieron

2. En el año 2005 la Corte Suprema de Justicia argentina declaró que las leyes de impunidad _____ inconstitucionales, y que los crímenes de lesa humanidad _____ perseguidos y castigados indefinidamente.

a. serían ... eran
b. serían ... serían
c. eran ... serían

3. La Ley de Caducidad uruguaya de 1986 decía que los crímenes cometidos por los responsables de las violaciones de derechos humanos ocurridas entre 1973 y 1985 _____ prescrito.

a. habrían
b. habían
c. hubieron

4. En 2007 el Congreso uruguayo y la Corte Suprema declararon la Ley de Caducidad inconstitucional, y confiaban en que la ley se _____ en el referéndum de 2009, pero no fue así.

a. anularía
b. anulaba
c. anuló

5. Un decreto del gobierno de Paraguay creó la "Semana de la Memoria". El presidente dijo que cada año se _____ a las nuevas generaciones las consecuencias de un período de intolerancia en la historia política del Paraguay.

a. recordaría
b. recordó
c. recuerde

SAM 10   *Perífrasis verbales* (Gramática 2-3)

Le este texto sobre la Ley de Caducidad en Uruguay. Despúes elige las palabras que faltan y ponlas donde corresponda.

empezó	acabó	acabará	empezará
sigue	volvió	volverá	continúa

En 2010 el Congreso de Uruguay decidió anular la Ley de Caducidad, que otorga inmunidad a los responsables de las violaciones de derechos humanos durante la dictadura (1973-1985). Esta iniciativa había sido rechazada en un referendo popular en 1989 y (1) _____ a ser rechazada en un segundo voto popular en 2009. Para muchos esto significa que (2) _____ habiendo justicia por las violaciones de derechos humanos ocurridas durante la dictadura.

Esta ley fue respetada por los distintos gobiernos de los partidos que se sucedieron en el país, pero con la llegada de la coalición de izquierdas del Frente Amplio en el 2005, el presidente Tabaré Vázquez (3) _____ a investigar casos de crímenes ocurridos fuera de Uruguay. De esta forma se procesó y encarceló a varios policías y ex militares y al ex dictador Juan Bordaberry (1973-76). Mucha gente (4) _____ buscando a unos 200 uruguayos que desaparecieron durante esos 12 años de terror. El presidente actual José Mujica (5) _____ siendo partidario de anular la ley.

ENFOQUE 2: LA REVOLUCIÓN CUBANA (1959-hoy)

PERSPECTIVA LINGÜÍSTICA: VOCABULARIO

SAM 1

Lee este texto sobre las opiniones en contra y a favor del régimen castrista. Identifica las ocho palabras o expresiones que faltan. Asegúrate de que escribes las palabras con el género (masculino/femenino) y número (singular/plural) correctos.

gratuito   derechos civiles   respaldo   salud pública   preso

libertad de expresión   alfabetización   logro

El gobierno de Cuba ha sido acusado de negar los (1) _derechos civiles_ a sus ciudadanos, entre ellos la (2) _libertad de expresión_, ya que Cuba es el país, después de China, donde hay más periodistas (3) _presos_ .Los defensores del gobierno cubano destacan los (4) _logros_ de la Revolución, como las mejoras en la (5) _salud pública_ , entre las que se incluye un servicio de salud (6) _gratuito_ . También destacan los avances en educación, ya que el país tiene una tasa de [7] _alfabetización_ del 99%. Aunque sufre grandes pérdidas económicas por el bloqueo del gobierno de EE.UU., Cuba tiene el (8) _respaldo_ internacional de China, Venezuela, Bolivia y Ecuador.

SAM 2

Lee estos fragmentos sobre la situación política en Cuba. Escribe el equivalente en español de la palabra o expresión en negrita. Asegúrate de que escribes las palabras con el género (masculino/femenino) y número (singular/plural) correctos. Escribe el artículo (*el, la, los, las*) antes del nombre.

1. After leaving his presidency, Fidel Castro took responsibility for what he called "moments of great **injustice** _____ against the gay community in Cuba".

2. In 1966-68, the Castro government **nationalized** _____ all remaining privately owned businesses in Cuba, down to the level of street vendors.

3. According to Human Rights Watch, the Cuban government represses nearly all forms of **political opposition** _____.

4. In spite of its isolation measures, the U.S. has taken small steps in recent years to cooperate with Cuba on regional **security** _____.

5. When the revolution began, Cuba eliminated all private **property** _____ by a collectivization of the land and by a complete nationalization of private businesses.

SAM 3

Escribe la palabra que falta (nombre o verbo) en el espacio en blanco.

	VERBOS	NOMBRES
1.	comerciar	el
2.		la alfabetización
3.		la nación
4.	bloquear	el
5.	fracasar	el
6.		el respaldo

PERSPECTIVA LINGÜÍSTICA: GRAMÁTICA

SAM 1   *La voz pasiva* (Gramática 2-1)

Este texto narra los inicios de la Revolución Cubana de 1959. Escribe los verbos usando la *voz pasiva*. Usa la forma con *ser* o con *se*. Si es posible usar las dos formas de pasiva, usa la que prefieras. ¡Atención!: en algunos casos solamente es posible usar una forma.

El fallido (*failed*) asalto al cuartel Moncada, ocurrido el 26 de julio de 1953, (considerar) [1] _____ el germen de la Revolución Cubana. En esa fecha, un grupo armado de 160 opositores al régimen de Fulgencio Batista intentó el asalto al cuartel en Santiago de Cuba. El intento fracasó, y los hermanos Castro (apresar) [2] _____. Gracias a una amnistía para presos políticos decretada por el Congreso cubano y bajo presiones internacionales, (liberar) [3] _____ a los rebeldes, que se exiliaron en México, donde conocieron a Ernesto "Che" Guevara y comenzaron a planear la revolución.

En 1955 (fundar) [4] _____ el Movimiento Revolucionario 26 de julio (M-26). En noviembre de ese año, Castro y otros 81 seguidores salieron de México con destino a Cuba, a bordo del pequeño barco "Granma". En diciembre (iniciar) [5] _____ la lucha contra las tropas de Batista. En 1958 la estación de radio Radio Rebelde (crear) [6] _____ por los revolucionarios para diseminar su mensaje. El 8 de enero de 1959, Castro llegó a la capital y tomó control del gobierno con la promesa de una revolución democrática. La Constitución de 1940 (suspender) [7] _____ y en 1960 (paralizar) [8] _____ las relaciones diplomáticas con Estados Unidos.

SAM 2   *La voz pasiva* (Gramática 2-1)

Lee estas frases sobre la censura cultural en Cuba tras la dictadura. Elige la respuesta correcta para completarlas.

1. Después de la Revolución en Cuba, _____ muchas formas de arte por el gobierno.

    a. se censuró
    b. se censuraron
    c. fueron censuradas

2. Durante tres décadas, hasta finales de los años 80, cosas como escuchar música en inglés, llevar el pelo largo (los hombres) o vestirse con *jeans* _____ "diversionismo ideológico".

    a. se consideró
    b. fueron consideradas
    c. fueron considerados

3. Muchos jóvenes considerados "contrarrevolucionarios", entre ellos un gran número de homosexuales y religiosos, _____ a los campamentos de las Unidades Militares para la Ayuda de Producción (UMAP), para "reeducarlos".

   a. se envió
   b. se enviaron
   c. fueron enviados

4. El libro *Fuera del Juego*, considerado "contrarrevolucionario", _____ por el escritor cubano Heberto Padilla en 1968.

   a. fue escrito
   b. se escribió
   c. se escribieron

5. En 1971 _____ a Heberto Padilla y su esposa bajo la acusación de participar en actividades contrarrevolucionarias.

   a. fueron arrestados
   b. se arrestó
   c. se arrestaron

6. En las universidades _____ las referencias a los artistas cubanos que vivían en el exilio.

   a. se prohibieron
   b. fue prohibido
   c. se prohibió

7. En 1976 _____ el Ministerio de Cultura, que poco a poco introdujo un cambio positivo y un mayor espacio para la actividad creadora.

   a. se fundaron
   b. se fundó
   c. fue fundó

8. En el año 2000 una estatua del ex Beatle John Lennon _____ por Fidel Castro en un parque de la Habana.

   a. se desveló (= *unveiled*)
   b. fue desvelado
   c. fue desvelada

SAM 3   *La voz pasiva* (Gramática 2-1)

Lee este texto que trata del sistema educativo cubano. Escribe los verbos en la forma correcta de la voz pasiva con *se*.

El 6 de junio de 1961 (aprobar) [1] _____ la Ley de Nacionalización de la Enseñanza que suprimió la educación privada y estableció una educación revolucionaria.

Hoy día en Cuba la educación primaria y la secundaria básica (considerar) [2] _____ obligatorias. De primer grado a quinto grado (enseñar) [3] _____ las matemáticas, el español, la informática, el mundo en que vivimos, la educación física y la educación artística. A partir de quinto grado y en sexto grado (aprender) [4] _____ el inglés. También son materias la educación cívica, la historia de Cuba, la geografía de Cuba, las ciencias naturales y la educación laboral. Después de la escuela (ofrecer) [5] _____ actividades extracurriculares, o círculos de interés, para potenciar el talento, la inteligencia y la creatividad en niños y adolescentes. Antes de ir a la universidad (tomar) [6] _____ un examen.

SAM 4   *Uso del condicional en el pasado* (Gramática 2-2)

Lee este texto sobre la "crisis de los misiles" en Cuba, en octubre de 1962. Los verbos que faltan se refieren a acciones futuras. Escríbelos en la forma y tiempo correctos.

Cuando Fidel Castro declaró el carácter socialista y marxista de la Revolución, la URSS dijo que (ayudar) [1] _ayudaría_ a proteger el nuevo régimen cubano. Además de recursos económicos, facilitó asesores militares y armas de todo tipo, incluyendo misiles nucleares.

Cuando el gobierno de Estados Unidos descubrió misiles soviéticos en Cuba, J. F. Kennedy decidió que (bloquear) [2] _bloquearía_ la isla. El bloqueo militar duró pocos días y después de conversaciones entre los gobiernos de Estados Unidos y la URSS se estableció un pacto según el cual los países del bloque aliado (incluyendo EE.UU.) no (invadir) [3] _invadirían_ la isla y Estados Unidos (levantar) [4] _levantaría_ el bloqueo naval. El final de esta crisis (tener) [5] _tendría_ consecuencias positivas en el avance hacia el fin de la guerra fría en los años siguientes.

SAM 5   *Uso del condicional en el pasado* (Gramática 2-2)

Lee estas frases sobre algunas opiniones de la Revolución Cubana. Decide si los verbos deben estar en el *condicional* o en *otro tiempo verbal*.

1. Muchas personas creen que la Revolución _____ a Cuba en un país libre y justo.

   a. transformó
   b. transformaría
   c. iba a transformar

2. Cuando comenzó la Revolución, los revolucionarios pensaban que en el futuro _____ más oportunidades para todos.

   a. hubo
   b. había
   c. habría

3. Al inicio de la dictadura, muchas personas pensaron que todos _____ acceso a la educación.

   a. tenían
   b. iban a tener
   c. tuvieron

4. Fidel Castro dijo en un discurso que la historia lo _____.

   a. absolvería
   b. absolvió
   c. va a absolver

5. El cantante cubano Silvio Rodríguez dijo que la Revolución Cubana _____ una lucha por los más pobres.

   a. sería
   b. fue
   c. iba a ser

6. Un escritor disidente opina que la Revolución _____ los derechos civiles y políticos de la ciudadanía.

   a. eliminaría
   b. eliminaba
   c. eliminó

STUDENT ACTIVITIES MANUAL
M. J. de la Fuente

SAM 6   *Perífrasis verbales* (Gramática 2-3)

Este texto narra uno de los episodios más dramáticos de la dictadura cubana: la invasión de la Bahía de Cochinos. Expresa las ideas en negrita en español. Estos son los verbos que necesitas:

planificar   presentar   decir   derrotar   planear

Estados Unidos **started to plan** (1) _comenzaron a planificar_ la invasión de la Bahía de Cochinos en 1960. El plan era derrocar a Fidel Castro. Los cubanos **had just presented** (2) _había presentado_ evidencia a la ONU de que los Estados Unidos estaban contratando mercenarios, pero Estados Unidos negó (=*denied*) su intención de invadir Cuba.

En abril de 1961 el presidente Kennedy **said again** (3) _____ en una rueda de prensa que Estados Unidos no iba a intervenir en Cuba, pero cinco días después comenzó la invasión. El intento de invasión fue fallido y el ejército de Castro **ended up defeating** (4) _____ a los invasores el día 19 de abril. La administración de Kennedy **continued to plan** (5) _____ el derrocamiento de Castro durante varios años.

SAM 7   *Perífrasis verbales* (Gramática 2-3)

Lee este texto sobre el "Período especial" de la dictadura cubana. Después pon las expresiones que faltan donde corresponda.

dejó de   empezó a   acabó   siguió   comenzaron a

Se conoce como 'Período especial en tiempo de paz' a la etapa de la historia cubana después del colapso soviético. En septiembre de 1990 Cuba (1) _empezó a_ racionar los alimentos. Con la caída del bloque socialista y el aumento del bloqueo económico de Estados Unidos, el país (2) _acabó_ cayendo en una profunda crisis. Entre 1992 y 1994 la situación (3) _siguió_ empeorando y debido al hambre y la escasez, (4) _comenzaron a_ aparecer enfermedades relacionadas con la malnutrición. Debido al bloqueo norteamericano, la nación (5) _dejó de_ adquirir medicamentos en el extranjero, incluso aquellos para el tratamiento de afecciones infantiles.

SAM 8   *Comparaciones* (Gramática 2-4)

Estudia la gramática 2-4. Después elige la respuesta correcta para cada una de estas preguntas.

1.Which comparisons of equality have the same meaning? There may be more than one!

    a. El estilo de música de Pablo Milanés es igual que el de Silvio Rodríguez.

    b. El estilo de música de Pablo Milanés es como el de Silvio Rodríguez.

    c. El estilo de música de Pablo Milanés es el mismo que el de Silvio Rodríguez.

    d. El estilo de música de Pablo Milanés es similar al de Silvio Rodríguez.

    e. El estilo de música de Pablo Milanés es tanto como el de Silvio Rodríguez.

2. Choose the one comparison (to emphasize differences) that is similar in meaning to the one below.

    Una dictadura comunista es diferente de una dictadura fascista.

    a. Una dictadura comunista es diferente que una dictadura fascista.

    b. Una dictadura comunista es distinta a una dictadura fascista.

    c. Una dictadura comunista es distinta que una dictadura fascista.

3. Choose the one sentence that correctly expresses these facts.

    La educación en Cuba es muy buena.

    La sanidad en Cuba es muy buena también.

    a. La educación en Cuba es igual de buena que la sanidad.

    b. La educación en Cuba es tanto buena como la sanidad.

    c. La educación en Cuba es la misma que la sanidad.

4. Choose the one sentence that correctly expresses these facts.

    Las dictaduras de Guatemala fueron terribles.

    Las dictaduras de Nicaragua fueron terribles también.

    a. Las dictaduras de Guatemala fueron tantas terribles como las de Nicaragua.

    b. Las dictaduras de Guatemala fueron tan terribles como las de Nicaragua.

    c. Las dictaduras de Guatemala fueron tan terribles que las de Nicaragua.

5. Choose the one sentence that correctly expresses these facts.

    La dictadura española fue muy brutal.

    La dictadura argentina fue muy brutal también.

a. La dictadura de España fue igual de brutal que la de Argentina.

b. La dictadura de España fue tanto brutal que la de Argentina.

c. La dictadura de España fue lo mismo brutal que la de Argentina.

6. Mark all the sentences that are similar in meaning to the comparison below.

    Constitución = Carta Magna

a. El concepto Constitución es parecido al concepto de Carta Magna

b. El concepto Constitución se parece al concepto de Carta Magna.

c. El concepto Constitución es similar del concepto de Carta Magna.

d. El concepto Constitución es similar al concepto de Carta Magna.

e. El concepto Constitución es parecido del concepto de Carta Magna.

7. Choose the one sentence that correctly expresses these facts.

    Los argentinos trabajan mucho para recuperar su memoria histórica.

    Los chilenos trabajan mucho también para recuperar su memoria histórica.

a. Los argentinos trabajan tanto como los chilenos para recuperar su memoria histórica.

b. Los argentinos trabajan tan como los chilenos para recuperar su memoria histórica.

c. Los argentinos trabajan tanto que los chilenos para recuperar su memoria histórica.

8. Choose the one sentence that correctly expresses these facts.

    El gobierno argentino hace mucho para recuperar la memoria histórica.

    El gobierno guatemalteco hace poco para recuperar la memoria histórica.

a. Argentina hace más de Guatemala para recuperar la memoria histórica.

b. Argentina hace más que Guatemala para recuperar la memoria histórica.

c. Argentina hace más como Guatemala para recuperar la memoria histórica.

9. Choose the one sentence that correctly expresses these facts.

    La democracia en Costa Rica es muy estable.

    La democracia en Honduras es poco estable.

a. La democracia en Honduras es menos estable que en Costa Rica.

b. La democracia en Honduras es menos estable de Costa Rica.

c. La democracia en Honduras es menos estable como en Costa Rica.

10. Choose the one sentence that correctly conveys this in Spanish.

More than 200,000 people were killed during the Guatemalan civil war.

a. Más de 200.000 personas fueron asesinadas durante la guerra civil de Guatemala.
b. Más que 200.000 personas fueron asesinadas durante la guerra civil de Guatemala.
c. Más como 200.000 personas fueron asesinadas durante la guerra civil de Guatemala.

11. Choose the one sentence that correctly expresses these facts.

La guerra civil de Guatemala duró 35 años.

La guerra civil de El Salvador duró 12 años.

a. La guerra civil de Guatemala duró más que la guerra de El Salvador.
b. La guerra civil de Guatemala duró más de la guerra de El Salvador.
c. La guerra civil de Guatemala duró más como la guerra de El Salvador.

SAM 9   *Comparaciones* (Gramática 2-4)

Lee estas frases sobre las dictaduras y las democracias. Elige la opción correcta para completarlas.

1. Todas las dictaduras son _____ horribles: no importa dónde.

a. igual
b. igual de
c. igual como

2. Una dictadura comunista es _____ una dictadura fascista.

a. distinta de
b. distinta como
c. distinta que

3. Una dictadura comunista es _____ una dictadura fascista.

a. igual de
b. igual que
c. igual como

4. Los principios del marxismo son _____ los principios del comunismo.

   a. similares a
   b. similares como
   c. similares de

5. Los problemas durante la transición a la democracia en Chile _____ los problemas de otros países que han sufrido dictaduras fascistas.

   a. parecen a
   b. son parecidos de
   c. se parecen a

6. Muchos de los países de Latinoamérica tuvieron _____ problemas durante la dictadura.

   a. los mismos
   b. iguales
   c. mismos

7. La Constitución de Argentina ahora es _____ se firmó en 1853 pero ha tenido varias reformas.

   a. la misma que
   b. la misma como
   c. misma como

8. Las dictaduras no respetan el principio fundamental de que todos los ciudadanos deben tener _____ derechos.

   a. igual
   b. los mismos
   c. iguales

ENFOQUE 3: ESPAÑA: GUERRA CIVIL, DICTADURA Y DEMOCRACIA

PERSPECTIVA LINGÜÍSTICA: VOCABULARIO

SAM 1

Lee este texto sobre el período de la transición española a la democracia. Identifica las seis palabras que faltan. Escribe los nombres y adjetivos con el género (masculino o femenino) y número (singular o plural) correctos. Si son verbos, escríbelos en la forma y tiempo adecuados.

regreso	partido	vencido	urnas	firmar
olvidar		gobierno	monarquía	fosas

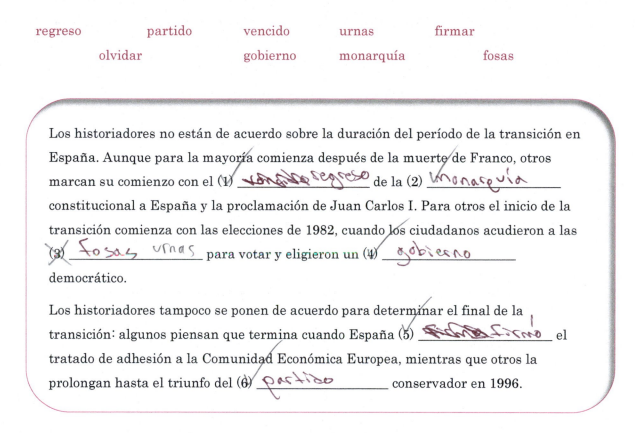

Los historiadores no están de acuerdo sobre la duración del período de la transición en España. Aunque para la mayoría comienza después de la muerte de Franco, otros marcan su comienzo con el (1) ~~vuelta~~ regreso de la (2) monarquía constitucional a España y la proclamación de Juan Carlos I. Para otros el inicio de la transición comienza con las elecciones de 1982, cuando los ciudadanos acudieron a las (3) ~~fosas~~ urnas para votar y eligieron un (4) gobierno democrático.

Los historiadores tampoco se ponen de acuerdo para determinar el final de la transición: algunos piensan que termina cuando España (5) ~~firma~~ firmó el tratado de adhesión a la Comunidad Económica Europea, mientras que otros la prolongan hasta el triunfo del (6) partido conservador en 1996.

SAM 2

Lee estos fragmentos referidos a la historia de España. Escribe el equivalente en español de la palabra o expresión en negrita. Asegúrate de que escribes las palabras con el género (masculino o femenino) y número (singular o plural) correctos. ¡Atención!: escribe el artículo (*el, la, los, las*) delante de los nombres.

1. General Francisco Franco established a conservative dictatorship after the Civil War, and

   human rights _____ violations where common during the regime.

2. During the Spanish Civil War most international observers, such as Orwell, Hemingway and Capa, tended to support the **Republicans** _____ , and some participated directly in the fighting.

3. One of the steps in the Spanish transition to democracy was **to legalize** _____ the PCE (Partido Comunista Español) on April 9 of 1977. After a few weeks, the party had over 200,000 card-holding members.

4. More than 70 years after the Civil War, thousands of demonstrators took central Madrid to protest against immunity for dictatorship crimes; at the same time a falangist **demonstration** _____ a few blocks away drew a crowd of about 300 carrying a banner reading "Proud of our History".

5. The 1978 constitution established Spain as a parliamentary **monarchy** _____.

SAM 3

Escribe la palabra que falta en el espacio en blanco.

	VERBOS	NOMBRES
1.	censurar	la
2.	sublevarse	la
3.	regresar	el
4.	olvidar	el
5.	gobernar	el
6.	huir	la

PERSPECTIVA LINGÜÍSTICA: GRAMÁTICA

SAM 1 *La voz pasiva* (Gramática 2-1)

Estudia la Gramática 2-1. Después lee estas frases y responde a las preguntas.

1. En esta oración pasiva, ¿quién realiza (*carries out*) la acción del verbo? Es decir, ¿quién es el agente?

   Juan Carlos de Borbón fue nombrado rey de España en 1975.

   a. Juan Carlos de Borbón
   b. No sabemos
   c. España

2. Identifica el agente en esta oración pasiva.

   El Partido Socialista Obrero Español fue dirigido por Felipe González durante varios años.

   a. Felipe González
   b. El Partido Socialista Obrero Español
   c. No sabemos

3. Identifica el agente en esta oración pasiva.

   En 1931 en España se instauró la Segunda República, caracterizada por mucha agitación social.

   a. No sabemos
   b. agitación social
   c. España

4. Identifica el agente en esta oración pasiva.

   La nueva Constitución de España fue ratificada en 1978.

   a. No sabemos
   b. La Constitución
   c. España

5. Las oraciones pasivas con el verbo *ser* ...

   a. ... siempre tienen un agente especificado.
   b. ... pueden tener el agente especificado o no.
   c. ... nunca tienen un agente especificado.

6. ¿Cuál es la traducción correcta del verbo en negrita (*bold*)?

   *In Spain, elections **are held** every four years.*

   a. son celebradas
   b. son celebrado
   c. están celebradas

7. Las oraciones pasivas con *se* ...

   a. ... siempre tienen un agente explícito.
   b. ... pueden tener un agente explícito o no.
   c. ... nunca tienen un agente explícito.

8. ¿Cuál es la traducción correcta del verbo en negrita (*bold*)?

   *The Spanish Constitution **was written** in 1975.*

   a. estuvo escrita
   b. se escribió
   c. fue escrito

SAM 2   *La voz pasiva* (Gramática 2-1)

Lee este texto sobre la transición democrática en España. Escribe los verbos en paréntesis en la forma de pasiva con *se*. ¡Atención!: todos los verbos deben estar en el *pretérito*.

> Francisco Franco, el dictador, murió en 1975 y dos días después (proclamar) [1] _se proclamó_ a Juan Carlos I Rey de España. En 1977 (celebrar = *to hold*) [2] _se celebraron_ las primeras elecciones libres en 41 años, y (elegir) [3] _se eligió_ a Adolfo Suárez presidente del gobierno. También en 1978 (aprobar) [4] _se aprobó_ la Constitución. La democracia (restablecer) [5] _se restableció_ en España después de cuarenta años de dictadura.

SAM 3   *La voz pasiva* (Gramática 2-1)

Lee estas frases sobre algunos hechos fundamentales de la Transición democrática en España. Cambia el verbo en pasiva con *ser* a pasiva con *se*.

1. El Partido Comunista de España **fue legalizado** en 1977.

    El Partido Comunista de España _se legalizó_ en 1977.

2. En la Constitución de España **fue establecido** que el rey era el Jefe del Estado.

    En la Constitución de España _se estableció_ que el rey era el Jefe del Estado.

3. El intento de golpe de estado **fue realizado** (= *carry out*) en 1981.

    El intento de golpe de estado _se realizó_ en 1981.

4. En 1981 **fue aprobada** la ley del divorcio en España.

    En 1981 _se aprobó_ la ley del divorcio en España.

5. El cuadro *Guernica* de Pablo Picasso **fue traído** a España en 1981.

    El cuadro *Guernica* de Pablo Picasso _se trajo_ a España en 1981.

6. En 1985 **fue firmado** el pacto de adhesión a la Comunidad Económica Europea (actual Unión Europea).

    En 1985 _se firmó_ el pacto de adhesión a la Comunidad Económica Europea (actual Unión Europea).

SAM 4   *La voz pasiva* (Gramática 2-1)

Lee este texto sobre la Ley de la Memoria Histórica en España. Elige la respuesta o respuestas correctas para completar las frases. ¡Atención!: puede haber más de una respuesta correcta.

1. El 31 de octubre de 2007, la l Ley de Memoria Histórica, con la que se reconocen y amplían derechos y se establecen medidas en favor de quienes padecieron persecución o violencia durante la Guerra Civil y la Dictadura, _____ por el Congreso.

    a. fue aprobada
    b. se aprobó

2. Con esta ley _____ a todas las víctimas de la Guerra Civil y a las víctimas de la dictadura.

    a. se reconocen
    b. se reconoce
    c. son reconocidas

3. Gracias a esta ley _____ el Centro Documental de la Memoria Histórica en la ciudad de Salamanca, en el que se integró el Archivo General de la Guerra Civil.

    a. fue creado

    b. se creó

4. En el texto de la ley _____ a los voluntarios integrantes de las Brigadas Internacionales en la Guerra Civil española, por su labor de defensa de la libertad y los principios democráticos.

    a. se mencionan

    b. se menciona

    c. son mencionados

5. Con esta ley _____ la nacionalidad española a los integrantes de las Brigadas Internacionales y a hijos y nietos de exiliados a causa de la Guerra Civil.

    a. es concedida (= *granted*)

    b. se conceden

    c. se concede

6. La ley dice que el Estado ayudará a la localización e identificación de las víctimas de la represión franquista que se encuentran aún desaparecidas. Muchas de estas víctimas _____ por sus asesinos en fosas comunes.

    a. se enterró

    b. se enterraron

    c. fueron enterradas

SAM 5   *Perífrasis verbales* (Gramática 2-3)

Lee estas frases sobre algunos episodios clave de la historia de España. Después elige la expresión equivalente a la expresión en inglés.

1. Durante la Guerra Civil, España **ended up dividing** en dos zonas: la republicana y la nacionalista.

    a. acabó dividiéndose

    b. acabó de dividirse

    c. terminó dividirse

2. Los republicanos **continued to fight** contra los nacionalistas hasta el final de la Guerra Civil.

    a. continuaron luchando

    b. continuaron a luchar

    c. siguieron luchar

3. España **started to be** una dictadura inmediatamente después del fin de la guerra.

    a. comenzó ser

    b. comenzó siendo

    c. empezó a ser

4. Felipe González **won again** la presidencia de España en 1986.

    a. volvió ganando

    b. volvió ganar

    c. volvió a ganar

5. Felipe González **stopped governing** España en 1990.

    a. dejó gobernando

    b. paró gobernar

    c. dejó de gobernar

6. Las elecciones democráticas se celebraron en España en 1977, cuando **they had just legalized** los partidos políticos.

    a. acabaron legalizando

    b. acababan de legalizar

    c. terminaron legalizando

7. Debido a los numerosos problemas que tuvo el bando republicano, los nacionales **ended up winning** la guerra en España.

    a. acabaron ganando

    b. acabaron de ganar

    c. terminaron de ganar

8. En 1981 un golpe de estado **was about to overthrow** el régimen democrático en España, pero fracasó.

      a. fue a punto de derrocar

      b. estuvo a punto de derrocar

      c. fue sobre derrocar

SAM 6   *Perífrasis verbales* (Gramática 2-3)

Lee estas frases que componen **una breve narración de la guerra civil y la dictadura**. Elige la opción que completa las frases.

1. Entre 1936 y 1939 los españoles se enfrentaron en un conflicto que muchos historiadores consideran precursor de la II Guerra Mundial. Entre 1940 y 1943, más de 190.000 prisioneros murieron en las cárceles y unas 400.000 personas _____ exiliándose, sobre todo en América Latina.

      a. acabaron
      b. empezaron a
      c. volvieron a

2. El bando nacional _____ ganando la guerra gracias al apoyo del fascismo italiano y alemán.

      a. terminó de
      b. terminó
      c. volvió a

3. En 1939 Francisco Franco _____ gobernar un nuevo estado totalitario.

      a. llevó
      b. acabó de
      c. empezó a

4. Franco _____ gobernando el país hasta su muerte en 1975.

      a. terminó de
      b. siguió
      c. siguió sin

5. Con la muerte de Franco, _____ existir una dictadura en el país.

      a. acabó de
      b. dejó de
      c. terminó

SAM 7 ⟩ *Comparaciones* (Gramática 2-4)

Lee estas frases sobre los períodos dictatoriales que hemos estudiado: España (1939-1975), Argentina (1976-1983), Chile (1973-1989) y Cuba (1959-hoy). Elige la opción correcta para completarlas.

1. Se estima que durante los tres años de la Guerra Civil española murieron más _____ 200.000

   personas.

     a. como
     b. que
     c. de

2. Los problemas de la transición a la democracia en Argentina fueron _____ complejos _____ los

   de la transición en Chile o Uruguay.

     a. tan ... como
     b. tan ... que
     c. tanto ... como
     d. tanto ... que

3. La dictadura militar de España duró _____ la dictadura de Chile o la de Argentina.

     a. más que
     b. más de
     c. más como

4. De todos los eventos de la historia contemporánea de Argentina, creo que la Guerra Sucia

   fue _____ terrible.

     a. el más
     b. la más
     c. más

5. Fidel Castro fue dictador de Cuba durante _____ 40 años.

     a. más que
     b. más como
     c. más de

6. Pinochet fue uno de los dictadores _____ todo el mundo.

      a. más crueles de
      b. más crueles en
      c. más crueles que

7. Fidel Castro es uno de los dictadores más conocidos _____ Latinoamérica.

      a. que
      b. de
      c. en

8. La dictadura española duró _____ la cubana.

      a. menos que
      b. menos de
      c. menos como

9. En Uruguay hubo _____ personas desaparecidas _____ en Argentina.

      a. menos ... como
      b. menos ... que
      c. menos ... de

10. España, Argentina, Chile y Uruguay sufrieron terribles dictaduras, pero la dictadura de España fue _____ las cuatro.

      a. más larga de
      b. la más larga que
      c. la más larga de

SAM 8   *Comparaciones* (Gramática 2-4)

En este texto se compara la transición a la democracia en España con la transición a la democracia en Argentina. Faltan algunos elementos en las comparaciones. Escríbelos en los espacios en blanco.

    tan   a   de   más   como   que   menos

La transición a la democracia en Argentina, iniciada en 1983, fue diferente (1) _____ la transición española en varios aspectos. En primer lugar, comenzó (2) _____ tarde (3) _____ la transición en España (1975). Además, al inicio de la transición, el régimen autoritario tenía mucho (4) _____ poder en Argentina (5) _____ en España. En Argentina, para junio de 1982, el régimen militar autoritario sufría una grave crisis, en parte debido a la derrota en la guerra de las Malvinas. En cambio (*in contrast*) las élites autoritarias españolas pudieron tener (6) _____ control en el proceso de democratización y negociar su salida del poder mucho mejor (7) _____ las argentinas. En España no hubo políticas de persecución y castigo de las autoridades y funcionarios responsables de las actividades represivas. Esto fue muy distinto (8) _____ lo que ocurrió en Argentina, donde se juzgó y condenó a muchos de los responsables. Pero hay algunas similitudes: por ejemplo, en Argentina el proceso fue (9) _____ pacífico y ordenado (10) _____ en España.

Nota Unidades 3 y 4: 97

−3 (Unidad 4)

Student Activities Manual (SAM)
UNIDAD 3
España hoy

Puntos de Encuentro

ENFOQUE 1: ORGANIZACIÓN POLÍTICA Y SOCIEDAD

PERSPECTIVA LINGÜÍSTICA: VOCABULARIO

SAM 1

Lee este texto sobre José María Aznar, que fue presidente del gobierno español de 1996 al 2004. Identifica las seis palabras o expresiones que faltan. Escribe los nombres en singular o plural según sea necesario.

candidato   jefatura   tasa   diputado   paro

bienestar   asuntos internacionales   partido

José María Aznar fue el cuarto presidente de España en el período democrático iniciado después de la Constitución de 1978. Comenzó su carrera política como (1) _____diputado_____ del Congreso y asumió la (2) _____jefatura_____ del estado español en 1996. Ya había sido (3) _____candidato_____ a la presidencia como líder del (4) _____partido_____ Popular en dos ocasiones anteriores. Con respecto a la política interior, durante los primeros años de su gobierno logró mantener la (5) _____~~bienestar~~ tasa_____ de crecimiento económico en más de un 3%. En cuanto a (6) _____asuntos internacionales_____, envió tropas a Irak para apoyar la invasión estadounidense, aunque el 90% de los españoles estaba en contra de la guerra.

SAM 2

Lee estos fragmentos sobre la política de España. Escribe el equivalente en español de la palabra o expresión en negrita. Escribe las palabras con el género (masculino/femenino) y número (singular/plural) correctos. ¡Atención!: escribe el artículo (*el, la, los, las*) delante de los nombres.

1. The Spanish **senate** _____ is the upper house of Spain's parliament. It is made up of 208 senators elected by popular vote, and 56 senators appointed by regional legislatures.

3. In 2008, the Spanish president, José Luis Rodríguez Zapatero, appointed a predominantly female **cabinet** _____ for the first time in the country's history: nine women and eight men.

3. In April 2008, Carme Chacón became the first woman to ever head Spain's **armed forces** _____.

4. In Spain's worst recession in more than 50 years, official figures for the end of 2014 showed that the **unemployment** _____ rate for young people was above 50%.

5. Spain, like many countries in Europe, aspires to achieve the **well-being** _____ society.

SAM 3

Lee este texto sobre el desempleo en España. Identifica las siete palabras que faltan. Escribe las palabras con el género (masculino/femenino) y número (singular/plural) correctos. Conjuga los verbos si es necesario.

disminuir	empleo	desempleo	extranjeros
aumentar		tasa	igualdad

La (1) __tasa__ de paro en España en 1994 era del 24%, ésta (2) __disminuta__ *disminuyó* hasta el 8% en 2007 para en tan sólo cuatro años volver a (3) __aumentar__ al 22%. Los más afectados por el (4) __desempleo__ han sido los inmigrantes, ya que el 30% de los (5) __extranjeros__ en España no tiene trabajo. En el sector de servicios también se han destruido muchos trabajos. Sin embargo, la crisis ha dejado sin (6) __aumentar empleo__ a más hombres que mujeres y, paradójicamente, la brecha que separa la (7) __igualdad__ los sexos en cuanto al trabajo se ha reducido.

SAM 4

Escribe la palabra que falta (nombre o verbo) en el espacio en blanco.

	VERBOS	NOMBRES
1.		el envejecimiento
2.	llegar	la
3.	votar	el
4.	reivindicar	la
5.	aumentar	el

PERSPECTIVA LINGÜÍSTICA: GRAMÁTICA

SAM 1   *Uso del subjuntivo en construcciones nominales* (Gramática 3-1)

Estudia la gramática 3-1. Después responde a las preguntas.

1. ¿Cuáles de estas frases son frases nominales (*noun clauses*)?

   1. *No es cierto que el rey de España sea Juan Carlos I.*
   2. *El rey de España es una persona que tiene una gran responsabilidad.*
   3. *Me parece muy importante que el rey participe en las decisiones políticas.*

      a. 1 y 3
      b. 1, 2 y 3
      c. 1 y 2

2. ¿Cuáles de estas expresiones requieren un verbo en subjuntivo en la frase subordinada?

   1. *Me parece que ...*
   2. *No considero que ...*
   3. *Pienso que ...*

      a. 1 y 2
      b. 2
      c. 2 y 3

3. ¿Cuáles de estas expresiones requieren un verbo en subjuntivo en la frase subordinada?

   1. *No hay duda de que ...*

   2. *No es cierto que ...*

   3. *Está claro que ...*

      a. 1 y 2

      b. 2 y 3

      c. 2

4. ¿Cuáles de estas expresiones requieren un verbo en subjuntivo en la frase subordinada?

   1. *Es posible que ...*

   2. *No es posible que ...*

   3. *Probablemente ...*

      a. 1 y 2

      b. 1, 2, y 3

      c. 2

5. ¿Cuáles de estas expresiones requieren un verbo en subjuntivo en la frase subordinada?

   1. *Me alegro de que ...*

   2. *Prefiero que ...*

   3. *Espero que ...*

   4. *Ha pedido que ...*

      a. 1, 2 y 3

      b. 1, 2, 3 y 4

      c. 1, 2 y 4

6. Lee estas frases. ¿Por qué la primera frase tiene un verbo en subjuntivo y la segunda frase tiene un verbo en indicativo?

   1. *El rey ha dicho que* <u>*trabajemos*</u> *para superar la crisis.*

   2. *El rey ha dicho que* <u>*tenemos*</u> *una situación difícil ahora.*

      a. La frase 1 es incorrecta: deben tener las dos indicativo.

      b. La frase 2 es incorrecta: deben tener las dos subjuntivo.

      c. En la frase 1, el verbo "ha dicho" significa *he requested*. En la frase 2, significa *he said*.

7. ¿Cuál de estas frases es gramaticalmente incorrecta?

1. *Probablemente el rey <u>está</u> en el palacio.*
2. *Probablemente el rey <u>esté</u> en el palacio.*

    a. 2
    b. 1
    c. Ninguna

8. ¿Qué expresiones van seguidas de (*followed by*) un verbo en subjuntivo?

1. *Ojalá que ...*   5. *No es posible que ...*
2. *Es mentira que ...*   6. *Pienso que ...*
3. *Veo que ...*   7. *Es posible que ...*
4. *Dudo que ...*   8. *Quizá ...*

    a. Todas
    b. Todas excepto 3, 6 y 8
    c. Todas excepto 3 y 6

9. ¿Por qué usamos infinitivo en el primer caso, pero *que + subjuntivo* en el segundo caso?

1. *Me da pena <u>ver</u> el país con una crisis económica tan grande.*
2. *Me da pena <u>que veas</u> el país con una crisis económica tan grande.*

    a. En la frase 1, la persona que experimenta el sentimiento (*me da pena*) y la acción (*ver*) son la misma. En la frase 2 son diferentes.
    b. Con verbos de juicio de valor o sentimientos, se puede usar subjuntivo o infinitivo.
    c. La frase 1 es incorrecta: se usa subjuntivo con verbos de sentimiento, como *me da pena*.

10. ¿Por qué el segundo verbo en esta frase es infinitivo y no subjuntivo?

Es importante <u>comprender</u> el sistema electoral español.

    a. Porque el sujeto de la frase principal es diferente del sujeto de la frase subordinada.
    b. Porque la frase no se refiere a nadie en particular. Es una valoración general.
    c. La frase es incorrecta.

SAM 2   *Uso del subjuntivo en construcciones nominales* (Gramática 3-1)

Lee este texto sobre la opinión de los jóvenes españoles sobre la monarquía. Después escribe los verbos en la forma correcta del *presente de indicativo* o *presente de subjuntivo*.

La valoración de la corona está en mínimos históricos, según el Centro de Investigaciones Sociológicas (CIS). Según los sondeos oficiales, los jóvenes españoles siempre han valorado a la monarquía un poco por debajo de la media general. Sin embargo en los últimos sondeos los jóvenes entre 18 y 24 años no piensan que la monarquía (ser) [1] _sea_ la institución más valorada. Según los expertos, es evidente que (haber) [2] _hay_ un cambio en la opinión de los jóvenes, pero es lógico que, con el paso del tiempo, la legitimidad de esta institución (ser) [3] _sea_ afectada.

Para algunos observadores, no es cierto que la monarquía (estar) [4] _esté_ en peligro, y es normal que los más mayores (manifestar) [5] _manifiesten_ más apoyo a la monarquía, ya que hay un vínculo más fuerte con la Transición y el golpe de Estado del 23-F. Según la socióloga María Juanes, no hay ninguna duda de que los jóvenes (preferir) [6] _prefieren_ la política no convencional y no les gusta nada la política clásica, entre la que incluyen a la monarquía. A Juanes le parece preocupante que la valoración de la monarquía (disminuir) [7] _disminuya_ con el paso del tiempo y espera que (existir) [8] _exista_ un apoyo al nuevo rey: Felipe VI.

SAM 3   *Uso del subjuntivo en construcciones nominales* (Gramática 3-1)

Lee este texto sobre el sistema electoral de España. Después escribe los verbos en la forma correcta del *presente de indicativo* o *presente de subjuntivo*.

A Óscar Alzaga, uno de los padres del sistema electoral español creado durante la Transición, le parece que este sistema (imponer) [1] _impone_ el bipartidismo. "Me parece terrible que, aunque la Constitución habla de representación proporcional, las desproporciones en los resultados (ser) [2] _sean_ de las mayores del panorama internacional", afirma Alzaga. "No es bueno para la democracia que un partido con menos votos (poder) [3] _pueda_ conseguir más escaños".

[Continúa en la pág. siguiente...]

A los partidos mayoritarios no les interesa que se (cambiar) [4] ___cambie___ el sistema, pero quizá estos partidos (tener) [5] ___tienen tengan___ que pensar no en sus propios intereses, sino en derechos y valores como el de la igualdad del voto. Es obvio que las élites de estos grandes partidos (impedir) [6] ___impida impiden___ que ese principio (ser) [1] ___sea___ hoy y ahora una realidad entre nosotros. Sugiero que estas élites (recordar) [1] ___recuerden___ lo que significa la palabra "inalienable".

SAM 4   *Uso del subjuntivo en construcciones nominales* (Gramática 3-1)

Lee estas frases relacionadas con el gobierno y la política de España. Pon los verbos en paréntesis en *presente de indicativo* o *presente de subjuntivo* según sea necesario.

1. El rey afirma que la monarquía parlamentaria (ser) ___es___ fundamental para la estabilidad y prosperidad de España.

2. Es excelente que el gobierno español (tener) ___tenga___ a una mujer como vicepresidenta.

3. A los partidos de izquierda les parece positivo que el gobierno (poner) ___ponga___ énfasis en una sociedad más justa y equitativa.

4. El partido/socialista español prefiere que los vínculos con América Latina, incluyendo a Cuba, (hacerse) ___se hagan___ más fuertes.

5. Para cualquier observador es indudable que España (tener) ___tiene___ un sistema electoral que favorece el bipartidismo.

6. Los españoles quieren que el gobierno (prestar) ___preste___ más atención a los problemas del desempleo y la vivienda.

7. Un cambio en el reglamento del Senado español permite que sus miembros (discutir) ___discutan___ en cualquiera de las lenguas cooficiales del país: catalán, euskera, gallego o valenciano, además del castellano que todos hablan.

8. Es obvio que la Ley de la Memoria Histórica, para honrar a las víctimas de la Guerra Civil de 1936-1939 y del período franquista, (constituir) _constituye_ un gran logro del gobierno socialista (entre 2004-2011).

SAM 5 *Uso del subjuntivo en construcciones nominales* (Gramática 3-1)

Lee este texto sobre una ley que permite el uso de todas las lenguas oficiales en el senado español. Escribe los verbos en la forma correcta del *presente de indicativo* o *presente de subjuntivo*.

Desde 2011, un cambio en el reglamento del Senado español permite el uso en esta cámara de cualquiera de las lenguas cooficiales del país: catalán, euskera, gallego o valenciano, además del castellano que todos hablan. Los defensores afirman que esta ley (servir) [1] _sirve_ para reflejar la variedad lingüística de las distintas regiones de España. Sin embargo, los críticos consideran que este cambio (convertir) [2] _convierte_ al Senado en una Torre de Babel y proponen que se (eliminar) [3] _elimina elimine_ esta nueva norma, ya que la necesidad de una traducción simultánea cuesta mucho dinero. Según algunas estimaciones, es posible que (costar) [4] _cueste_ unos 400.000 euros al año.

El presidente español considera que el Senado (ser) [5] _es_ la cámara de representación territorial de España y, por lo tanto, debe reflejar la pluralidad que hay en el país. Esta polémica se une a las causadas por otras leyes que exigen que se (emplear) [6] _empleen_ determinadas lenguas en espacios públicos o en los colegios y universidades de algunas partes de España. Para el profesor Gonçal Mayos, de la Universidad de Barcelona, esta polémica significa que, en España, las diversas lenguas (estar) [7] _están_ politizadas. Un 18% de la población del país no considera que el castellano (ser) [8] _sea_ su lengua materna.

SAM 6 *Uso del subjuntivo en construcciones nominales* (Gramática 3-1)

En este texto un político critica el sistema bipartidista en España. Completa el texto con los verbos en la forma correcta del *presente de indicativo* o *presente de subjuntivo*.

La recuperación democrática de España a partir de 1975 se basó en el pluripartidismo y en el respeto a la diversidad cultural de regiones con identidades históricas propias. En 30 años España se convirtió en un país con instituciones democráticas sólidas. Sin embargo, es lamentable que ahora España (tener) [1] ___tenga___ un bipartidismo sin raíces históricas, el cual está demostrado que (hacer) [2] ___hace___ daño y no hay duda de que (causar) [3] ___causa___ una peligrosa polarización en el país. Me parece peligroso que esta polarización extrema (borrar) [4] ___borre___ el centro y las minorías políticas.

En las elecciones de 2008 el PSOE y el PP, los dos grandes partidos nacionales, sumaron 322 de los 350 escaños del Congreso, acaparando el 83,76% de los votos totales. Estos partidos piden a los ciudadanos que (pensar) [5] ___piensen___ en el 'voto útil' para impedir al principal rival hacerse con el poder. Los partidarios de este tipo de voto sugieren que es beneficioso que se (concentrar) [6] ___concentre___ el poder para agilizar el proceso legislativo. Sin embargo, los detractores del 'voto útil' piden que la gente (votar) [7] ___voten___ al partido que realmente defienda sus ideas o sus intereses, al margen de que pueda ganar o no. Personalmente me indigna que se (utilizar) [8] ___utilice___ una práctica que da más poder a los que ya lo tienen y silencia a las minorías: el 'voto útil' favorece el bipartidismo e impide el crecimiento de nuevas alternativas.

ENFOQUE 2: COMUNIDADES AUTÓNOMAS, NACIONALISMO E INDEPENDENTISMO

PERSPECTIVA LINGÜÍSTICA: VOCABULARIO

SAM 1

Lee este texto sobre la organización terrorista ETA. Identifica las seis palabras que faltan. Asegúrate de que escribes las palabras con el género (masculino/femenino) y número (singular/plural) correctos. Si son verbos, escríbelos en la forma y tiempo adecuados.

tregua	vincular	amenazar	separatista	atentado
amenaza	detención	reivindicar	separarse	

ETA es una organización terrorista y (1) _separatista_ que (2) _reivindica_ la independencia del País Vasco de Francia y España. Sus actos, que incluyen (3) _amenazas_, extorsión económica, secuestros y asesinatos, han sido condenados por la mayoría de países y organizaciones internacionales como Amnistía Internacional. Sin embargo, esta organización internacional ha pedido al gobierno español que elimine la incomunicación a la que son sometidos los etarras los primeros 5 días tras su (4) _detención_. Desde su fundación, hace más de cincuenta años, ETA ha declarado una docena de (5) _treguas_ para acabar con la violencia; la más larga duró 439 días y la de 2006 terminó con el (6) _atentado_ terrorista en el aeropuerto de Barajas. En octubre de 2011 ETA anunció "el cese definitivo de su actividad armada".

SAM 2

Lee estos fragmentos sobre los nacionalismos en España. Escribe el equivalente en español de la palabra o expresión en negrita. Asegúrate de que escribes las palabras con el género (masculino/femenino) y número (singular/plural) correctos. ¡Atención!: escribe el artículo (*el, la, los, las*) delante de los nombres.

1. According to Catalan nationalists, the recognition of Kosovo's independence by the International Court of Justice shows that Catalonia's right for **self-determination** _____ is legal.

2. The Basque Nationalist Party (Partido Nacionalista Vasco, PNV) is the largest and oldest Basque nationalist party. Although it favors greater autonomy for the Basque nation, it is not a **supporter of independence** _____.

3. Lately, the Spanish police has been working closely with French police to deny **terrorists** _____ the cross-border refuge they enjoyed in the past.

4. Politicians, journalists, and public figures considered to be against Basque independence are **harassed** _____ by youth separatists gangs.

5. In the Basque Autonomous Community, the highest percentage of **Basque language** _____ speakers can now be found in the 16-24 age range (57.5%).

SAM 3

Escribe la palabra que falta (nombre o verbo) en el espacio en blanco.

	VERBOS	NOMBRES
1.	acosar	el
2.		la amenaza
3.		la detención
4.		el independentismo
5.	reivindicar	la
6.		el vínculo

PERSPECTIVA LINGÜÍSTICA: GRAMÁTICA

SAM 1   *Uso del subjuntivo en construcciones nominales* (Gramática 3-1)

Estudia la Gramática 3-1. Después di si es cierto o no el modo verbal (indicativo o subjuntivo) que debe seguir a estos verbos.

1. ser evidente que + **subjuntivo**   CIERTO   FALSO

2. interesar que + **subjuntivo**   CIERTO   FALSO

3. insistir en que + **indicativo**   CIERTO   FALSO

4. hacer que + **indicativo**   CIERTO   FALSO

5. parecer que + **indicativo**   CIERTO   FALSO

6. poner triste que + **subjuntivo**   CIERTO   FALSO

7. permitir que + **indicativo**   CIERTO   FALSO

8. ser necesario que + **indicativo**   CIERTO   FALSO

9. esperar que + **indicativo**   CIERTO   FALSO

10. odiar que + **subjuntivo**   CIERTO   FALSO

11. dar risa que + **indicativo**   CIERTO   FALSO

12. significar que + **subjuntivo**   CIERTO   FALSO

13. aconsejar que + **subjuntivo**   CIERTO   FALSO

14. ser importante que + **subjuntivo**   CIERTO   FALSO

15. dar pena que + **indicativo**   CIERTO   FALSO

SAM 2   *Uso del subjuntivo en construcciones nominales* (Gramática 3-1)

En este texto sobre el movimiento independentista tejano faltan los verbos. Escríbelos en la forma correcta de indicativo o subjuntivo.

La idea de secesión está experimentando un renovado interés en Texas, con candidatos políticos y grupos conservadores que abiertamente sugieren que el estado (independizarse) [1] _____ del resto de la Unión Americana y (formar) [2] _____ una nueva república. El grupo denominado *Texas Nationalist Movement* quiere que Texas (separarse) [3] _____ de los Estados Unidos.

[Continúa en la pág. siguiente...]

Este movimiento está a favor de que se (establecer) [4] _____ un Texas independiente con énfasis en el reforzamiento de la producción y cultura de Texas. Los líderes del grupo aseguran que la organización (tener) [5] _____ más de 250.000 seguidores, los cuales están cansados de que el gobierno federal no (dar) [6] _____ respuestas a sus problemas. "Es hora de que nosotros (buscar) [7] _____ nuestro propio camino".

Varios políticos tejanos promueven en sus campañas que se (ignorar) [8] _____ las leyes federales si se consideran anticonstitucionales. Texas es la única entidad estadounidense que ha sido una nación independiente (el acta de independencia se emitió el 2 de marzo de 1836 en Texas).

SAM 3 *Uso del subjuntivo en construcciones nominales* (Gramática 3-1)

Lee estas frases de un texto sobre las víctimas del terrorismo de ETA, quienes han presentado ante la Unión Europea un documento con propuestas. Elige la opción correcta para completar cada frase.

1. Las víctimas del terrorismo piden a la Unión Europea que _____ las negociaciones con ETA.

   a. impide
   b. impida
   c. impedir

2. La asociación de víctimas ha expresado claramente que no quiere que el gobierno _____ con la banda terrorista.

   a. negocie
   b. negociar
   c. negocia

3. Además exigen que los terroristas sentenciados _____ sus condenas íntegras, sin posibilidad de amnistías.

   a. cumplan
   b. cumplen
   c. cumplir

4. Es muy importante, en opinión de esta asociación, _____ la memoria de las víctimas.

    a. respete
    b. respetar
    c. respeta

5. Tampoco quieren que se permita a ETA _____ en las elecciones para incorporarse a las instituciones en el País Vasco y Navarra.

    a. participar
    b. participe
    c. participa

6. Sobre todo, dice una de las víctimas cuyo hermano fue asesinado por ETA, es imprescindible que nuestro derecho a la justicia no _____ olvidado.

    a. sea
    b. ser
    c. es

SAM 4   *Uso del subjuntivo para expresar propósito/finalidad* (Gramática 3-2)

Lee estas frases sobre diferentes aspectos de España hoy. Después elige la respuesta correcta.

1. ¿Cuál de estas frases es subordinada y expresa finalidad?

    a. *¿**Para qué es** la nueva ley de inmigración?*
    b. *La finalidad de esta ley **es controlar la inmigración ilegal**.*
    c. *La nueva ley es **para controlar la inmigración ilegal**.*

    a. a y c
    b. b y c
    c. c

2. ¿Cuáles de estas expresiones introducen una frase de finalidad?

    con el fin de que   *a fin de que*
    porque   *para que*
    a propósito de   *con el propósito de que*

    a. Todas, excepto *porque* y *a propósito de*
    b. Todas, excepto *porque* y *a fin de que*
    c. Todas

3. ¿Por qué esta frase tiene el verbo en infinitivo y no en subjuntivo?

El rey viajará a Nueva York para <u>reunirse</u> con los líderes en la ONU.

a. Porque el sujeto es el mismo en las dos frases: la principal (el rey) y la subordinada (el rey).
b. Porque el sujeto es diferente en las dos frases: la principal (el rey) y la subordinada (los líderes).
c. Porque la frase subordinada se refiere al futuro.

4. Las Comunidades Autónomas tienen gobiernos propios _____ garantizar su autonomía

a. a fin de que
b. a fin de
c. para que

5. El gobierno español trabaja _____ los ciudadanos tengan una sociedad del bienestar.

a. para que
b. con el fin de
c. para

6. La organización terrorista ETA comete atentados _____ mantener a la población con miedo.

a. para
b. con el propósito de que
c. para que

7. Se aprobará una ley _____ otras comunidades puedan tener más autonomía.

a. para que
b. con el fin de
c. para

SAM 5 *Uso del subjuntivo para expresar propósito/finalidad* (Gramática 3-2)

Lee estas frases de un artículo sobre el nacionalismo. Elige la opción correcta para completarlas en cada caso.

1. No hay que ser nacionalista para _____ la existencia de diversas naciones en España.

a. reconocer
b. que reconozca
c. que reconoce

2. Los nacionalistas democráticos participan políticamente con el fin de _____ que su nación se convierta en un estado-nación o un tipo de asociación confederal.

    a. que consigan
    b. conseguir
    c. consigan

3. Es importante tener un equilibrio entre igualdad y pluralidad para que todas las naciones culturales _____ su lugar en un Estado.

    a. encuentren
    b. encuentran
    c. encontrar

4. Algunos grupos desean que haya un referéndum popular en su comunidad a fin de _____ apoyo para la secesión.

    a. obtengan
    b. que obtengan
    c. obtener

5. Otros grupos trabajan con el propósito de que _____ la diversidad existente en España pero desde una España plurinacional.

    a. se reconozca
    b. reconozcan
    c. reconocer

6. Algunos piensan que los nacionalismos exacerbados son el mayor peligro para _____ la estabilidad y la cohesión de nuestras sociedades.

    a. garantizar
    b. que garanticen
    c. garantizan

SAM 6   *Uso del subjuntivo para expresar propósito/finalidad* (Gramática 3-2)

Lee estos datos sobre la inmigración en España y elige la respuesta correcta para completar cada frase.

1. La mayoría de los inmigrantes ilegales llega a España _____ tener una vida mejor.

    a. con el fin de
    b. para que
    c. con el propósito

2. La mayor parte de la población inmigrante viene a España _____ encontrar un puesto de trabajo. Por eso el 51,91% de los extranjeros residentes en España tiene entre 20 y 39 años.

   a. para
   b. para que
   c. on el propósito

3. _____ un inmigrante pueda solicitar la nacionalidad española tiene que haber residido en el país de manera legal (con un permiso de residencia) y continuada durante al menos diez años.

   a. Con el fin de
   b. Para que
   c. A fin de

4. Si un inmigrante es de un país iberoamericano tiene que residir legalmente en España 2 años _____ conseguir la ciudadanía.

   a. para que
   b. a fin de que
   c. para

5. La llegada masiva de inmigrantes para ocupar puestos laborales poco deseables para la población española ha servido _____ los españoles ocupen puestos más altos en la pirámide laboral y las mujeres puedan acceder en mayor número al mercado laboral.

   a. para que
   b. para
   c. con el fin de

6. Nuevas normas de inmigración se han puesto en marcha _____ muchos inmigrantes indocumentados puedan regularizar su situación.

   a. con el fin de
   b. con el fin de que
   c. para

SAM 7   *Uso del subjuntivo para expresar relaciones de tiempo* (Gramática 3-3)

Lee este texto sobre las consecuencias de una hipotética separación del País Vasco de España. En el texto hay seis frases que expresan tiempo. Escribe los verbos en la forma correcta.

Cuando el País Vasco (separarse) [1] _se se parte_ de España, sus empresas perderán su actual posibilidad de acceder a un mercado amplio sin barreras proteccionistas. Una vez que (ser) [2] _sea_ un país independiente, su atractivo como área de destino de inversiones disminuirá. Además muchos expertos opinan que después de que esta región (independizarse) [3] _se independice_ será difícil que pertenezca a la Unión Europea. Tan pronto como la región (salir) [4] _salga_ de la zona euro, que tantos beneficios ha proporcionado a la economía vasca en estos últimos años, sus finanzas se deteriorarán.

En cuanto al sistema de defensa, una vez (conseguir) [5] _consiga_ el estatus de país independiente, la formación de un ejército profesional con 10.000 soldados y mandos costará unos 760 millones de euros anuales. Finalmente, el desarrollo de relaciones internacionales requiere la presencia, a través de embajadas y servicios consulares, en otros países. El País vasco no será un "país" hasta que no (tener) [6] _tenga_ un servicio exterior relativamente modesto con embajadores residentes en al menos la cuarta parte de los países pertenecientes al sistema de Naciones Unidas, así como en los principales organismos internacionales. Esto puede costar unos 640 millones de euros al año.

SAM 8 *Uso del subjuntivo para expresar relaciones de tiempo* (Gramática 3-3)

Lee estas frases sobre algunos temas relacionados con España. ¿Necesitan un verbo en *indicativo* o en *subjuntivo*?

1. Los jóvenes españoles tendrán el futuro más claro después de que el desempleo se (reducir) _reduzca_ considerablemente en España.

2. Cuando se (aprobar) _aprobó_ la Constitución española, se instituyó un sistema de Comunidades Autónomas en el país.

3. Según el sistema electoral español, una vez que se (contar) _cuentan_ los votos, se aplica una fórmula para convertir los votos en escaños en el Congreso.

4. Los partidos nacionalistas catalanes continuarán presionando hasta que el gobierno central les (permitir) _permita_ tener un referéndum sobre la independencia de Cataluña.

5. Apenas el equipo español (ganar) ___gano___ el partido de fútbol de la final de la Copa Mundial, miles de españoles salieron a la calle para celebrarlo.

6. Siempre que el equipo de fútbol nacional (perder) ___pierde___ un partido los españoles se ponen muy tristes.

7. Cuando la selección nacional de fútbol (ir) ___fue___ a Brasil en 2012, miles de españoles viajaron también allá para acompañarla.

8. Algunos nacionalistas dicen que cuando Cataluña (separarse) ___se separe___ de España será un importante estado europeo.

ENFOQUE 3: ESPAÑA EN EL MUNDO

PERSPECTIVA LINGÜÍSTICA: VOCABULARIO

SAM 1

Lee este texto sobre el Día Internacional de la tapa, que celebra esta forma particular de comer tan española. Identifica las seis palabras que faltan. Escribe los nombres en singular o plural según sea necesario. Si son verbos, escríbelos en la forma y tiempo adecuados.

orgullo   vía   ámbito   cumbre   papel   gastar

bandera   promocionar   contar

La asociación Saborea España, la Federación Española de Hostelería y la Secretaría de Estado de Turismo han acordado celebrar el Día Internacional de la Tapa, que tiene vocación internacional, porque los pinchos y tapas son una forma excelente de (1) _promocionar_ la marca (*brand*) España. Con la "revolución gastronómica" ocurrida en los últimos años, los cocineros españoles se han convertido -junto a los deportistas- en los mejores representantes de la (2) _bandera_ española en el mundo.

Las tapas tienen muchísimo éxito en el (3) _ámbito_ internacional y por eso hay un riesgo de que se olvide su origen español. Por esta razón, el presidente de la FEHR, José María Rubio, dice con mucho (4) _orgullo_ que la tapa es la "principal marca gastronómica de España en el mundo". Para que este día sea un acontecimiento mundial, España va a (5) _contar_ con las 33 oficinas de Turismo que existen en el extranjero las cuales difundirán esta iniciativa.

El primer año se celebrará en 30 ciudades españolas entre el 27 y el 30 de septiembre y se consumirán más de 2 millones de tapas. Nuestra forma de comer es única en el mundo y la gastronomía tiene un (6) _papel_ importantísimo para promover el turismo.

SAM 2

Lee estas frases sobre España en el panorama internacional. Escribe el equivalente en español de la palabra o expresión en negrita. Asegúrate de que escribes las palabras con el género (masculino/femenino) y número (singular/plural) correctos. ¡Atención!: no olvides escribir el artículo (*el, la, los, las*) si la palabra que falta es un nombre.

1. The main principles of the Spanish **foreign policy** _____ are based on Spain's dual European and American identity. The widespread support for the EU among Spaniards makes the construction of a united Europe a central goal, but the **ties** _____ of Spain to Latin America are extremely important as well in the international **field** _____.

2. In Europe, Spain has had an enormous impact on **matters** _____ of human rights, the equality of men and women and the protection of the environment; values which our society regards as the expression of its collective identity.

3. Spain has played an important **role** _____ in the European Union's institutional development, **promoting** _____ ideas and concepts such as " the Europe of citizens", and a Spaniard, Javier Solana, was the first person to **take on** _____ the office of Minister of Foreign Affairs.

SAM 3

Escribe la palabra que falta (nombre o verbo) en el espacio en blanco.

	VERBOS	NOMBRES
1.	gastar	el
2.	invertir	la
3.		la promoción
4.	rechazar	el
5.		la cohesión

PERSPECTIVA LINGÜÍSTICA: GRAMÁTICA

SAM 1 *Uso de* ser *y* estar (Gramática 3-4)

Lee este texto sobre España y algunos estereotipos en Estados Unidos. Escribe la forma correcta de *ser* o *estar*, según sea necesario.

Los toros y el flamenco todavía (1) _____son_____ el centro del estereotipo norteamericano sobre España, incluso entre las personas que (2) _____son están_____ más formadas (*educated*). Los Sanfermines (3) _____están_____ en la televisión todos los años y algo que los turistas estadounidenses no se pierden cuando (4) _____están_____ en España, (5) _____es_____ un espectáculo en un "tablao" flamenco. En 2002 escribía un famoso hispanista, Jonathan Brown, "desde hace mucho tiempo yo (6) _____soy_____ un enemigo declarado de los toros o el flamenco. No por sus rasgos intrínsecos, sino porque (7) _____son_____ dos aspectos de España que reducen su rica historia y cultura al nivel del folklore exótico". Hoy España (8) _____es_____ un país todavía muy desconocido para los estadounidenses.

SAM 2 *Uso de* ser *y* estar (Gramática 3-4)

Lee este texto sobre el escritor Ernest Hemingway y su imagen de España en los Estados Unidos. Elige y escribe la respuesta correcta de las dos que se ofrecen.

El escritor estadounidense Ernest Hemingway contribuyó más que nadie a la imagen romántica de España en Estados Unidos. Para el escritor, España (era/estaba) [1] _____era_____ "the last good country" porque todavía no (era/estaba) [2] _____estaba_____ sometido al proceso de racionalización occidental que ya había alcanzado a EE.UU. y al resto de países avanzados. Por eso, según Hemingway, los españoles eran/estaban [3] _____eran_____ menos materialistas y egoístas, más apasionados y aventureros. El intelectual español Francisco Ayala (es/está) [4] _____es_____ muy crítico con Hemingway por su incomprensión de España.

[Continúa en la pág. siguiente...]

En sus dos principales obras de tema español, *Fiesta* y *Por quién doblan las campanas*, los españoles representan a un pueblo distinto y auténtico. El protagonista, que (es/está) [5] _____es_____ un norteamericano de clase media, alter ego del propio Hemingway, describe en muchas ocasiones al pueblo español desde esta óptica romántica. Al mismo tiempo, para Hemingway España (era/estaba) [6] _____era_____ un país violento. Hemigway siempre (estuvo/fue) [7] _____fue / estuvo_____ fascinado con las corridas de toros, las cuales (fueron/estuvieron) [8] _____fueron_____ elemento central de su obra *Death in the Afternoon* (1934) donde decía "El único lugar donde se puede ver la vida y la muerte violenta (es/está) [9] _____es_____ el ruedo, y yo deseaba ardientemente ir a España, en donde podría estudiar el espectáculo". Es extraordinaria la continuidad en su imagen de España, ese país exótico, generoso y violento que amaba tanto como para decir: "yo no nací en España, pero eso no (es/está) [10] _____es_____ culpa mía".

SAM 3 *Uso de* ser *y* estar (Gramática 3-4)

Lee este texto donde se habla sobre la dieta en España. Luego escribe la mejor opción (de las dos que aparecen) para completar las frases.

Los españoles **son/están** [1] _____son_____ los europeos que toman más alimentos saludables. Una experta dice que los españoles **son/están** [2] _____están_____ en el número 1 en cuanto a "mantener un equilibrio adecuado entre el picoteo (*snacking*) saludable y el no recomendado". El ritmo de vida de los ciudadanos de la UE **es/está** [3] _____es_____ altamente estresante y esto **es/está** [4] _____está_____ provocando lo que se denomina como trabajador 'snack'. Sin embargo en España **es/está** [5] _____es_____ muy común que la gente coma fruta fresca o nueces.

"**Es/está** [6] _____Es_____ verdad que los españoles **son/están** [7] _____están_____ constantemente picoteando en su trabajo y no siempre de forma saludable, pero en comparación con el resto de los europeos, **son/están** [8] _____son / están_____ mucho mejor.Por países, los británicos son los que peor se alimentan, los que más toman 'snacks' entre horas (55%) y los que más 'snacks' no saludables toman por semana (41%). Por lo que respecta a España, un 39% toma 'snacks' entre horas, pero sólo el 7% **son/están** [9] _____son_____ no saludables.

SAM 4   *Uso de* ser *y* estar (Gramática 3-4)

Lee estas frases sobre el fútbol en España y elige la respuesta correcta para completarlas.

1. Según un estudio del Consejo Superior de Deportes de España, en el puesto número uno de los deportes más populares _____ el fútbol, que tiene el mayor número de jugadores federados (más de 700.000) y es el segundo más practicado de forma recreativa (el 38% de los españoles).

    a.   están
    b.   son
    c.   es
    d.   está

2. El fútbol se introdujo en España a través de trabajadores inmigrantes, especialmente británicos, hacia finales del siglo XIX. Los mineros ingleses de la minas de Riotinto, en Huelva, _____ los primeros que disputaron partidos hacia 1870.

    a. fue
    b. fueron
    c. estuvo
    d. estuvieron

3. El primer club de fútbol español, el Huelva Recreation Club, _____ fundado el 23 de diciembre de 1889. Con la llegada del siglo XX los clubes de fútbol empezaron a proliferar por todo el país, casi siempre fundados por extranjeros.

    a. fue
    b. era
    c. estuvo
    d. estaba

4. La Real Federación Española de fútbol nació en 1913 y el primer partido de la selección española _____ en los Juegos Olímpicos de Amberes, en 1920.

    a. estuvo
    b. estaba
    c. era
    d. fue

5. El fútbol español _____ profesional desde 1929, cuando nació el campeonato nacional de Liga siguiendo el modelo británico.

    a. es
    b. está

6. En el año 1984 se creó la Liga Nacional de Fútbol Profesional, conocida por las siglas LFP o la marca comercial La Liga, que _____ compuesta por los clubes y las sociedades anónimas deportivas que participan en las categorías profesionales de la liga española de fútbol.

   a. está
   b. es

7. En los años 1990 el fútbol español vivió una revolución con la conversión de los clubes deportivos en sociedades anónimas, los ingresos por las retransmisiones televisivas y los fichajes millonarios: el resultado _____ la llamada Liga de las Estrellas.

   a. estuvo
   b. fue

8. Entre los logros (*achievements*) más importantes de la selección española de fútbol _____ : la Eurocopa de 1964, el campeonato de fútbol de los Juegos Olímpicos de Barcelona en 1992, la Eurocopa de 2008, la copa mundial de fútbol de 2010 y la Eurocopa de 2012.

   a. está
   b. están
   c. son
   d. es

SAM 5   *Uso del subjuntivo en construcciones nominales* (Gramática 3-1)

Estas frases resumen los resultados del informe Eurobarómetro, que analiza las opiniones de las sociedades de los países miembros de la Unión Europea, en este caso España. Coloca la forma del presente de estos verbos en cada frase. Presta atención al verbo de la frase secundaria.

preocupar	parecer	opinar	decir
importar	ser posible	desear	ser evidente

1. El informe _____ que España sigue siendo el país europeo que más apoya a la UE.

2. Según los datos del informe, la mayoría de los españoles _____ que la pertenencia de España a la UE es algo beneficioso.

3. A los españoles les _____ el desempleo, la inmigración y la vivienda.

4. Según este informe, _____ que los españoles apoyan la Constitución Europea.

5. Los españoles _____ que la lucha contra la inmigración ilegal sea un objetivo importante de la UE.

6. A los españoles no les _____ que la UE se amplíe a nuevos estados miembros. Esta idea les parece bien.

7. A los españoles no les _____ que la globalización esté creando mayores oportunidades para España.

8. _____ que los resultados del Eurobarómetro cambien en años próximos.

SAM 6   *Uso del subjuntivo para expresar propósito/finalidad* (Gramática 3-2)

Lee este texto sobre las razones por las que la gente emigra a otros países. Después escribe los verbos en paréntesis en la forma correcta de presente de indicativo o subjuntivo.

Carlos Giménez Romero, en su libro *¿Qué es la inmigración?*, se opone al sentimiento generalizado de que la gente emigra con el fin de (huir) [1] _huir_ de la miseria. Este sentimiento está unido a la idea de que el emigrante haría cualquier cosa con el propósito de (emigrar) [2] _emigrar_ . En otras palabras, la emigración es la única solución para que el emigrante (salir) [3] _salga_ de su trágica situación.

Sin embargo, esta idea no se ajusta a la realidad. Entre otras cosas, porque los que emigran generalmente tienen medios para (costear) [4] _costear_ los gastos que esta decisión conlleva. Los emigrantes ven el fenómeno de la emigración como una oportunidad para que sus hijos (poder) [5] _puedan_ acceder a recursos de crianza y educación y, ante perplejidad de los autóctonos, están dispuestos a soportar condiciones difíciles con el propósito de (acceder) [6] _acceder_ a un nivel de vida mejor del que tienen en sus países de origen.

— 3

Student Activities Manual (SAM)
UNIDAD 4
La América hispanohablante (I)

Puntos de Encuentro

ENFOQUE 1: INDÍGENAS Y MOVIMIENTOS INDÍGENAS

PERSPECTIVA LINGÜÍSTICA: VOCABULARIO

SAM 1

En este fragmento de una entrevista con un líder del movimiento indígena faltan seis palabras. Escribe las palabras en singular o en plural según sea necesario.

tierra   reconocimiento   pueblo

recurso   reivindicación   campesino

Uno de los grandes objetivos de los pueblos indígenas es lograr la unidad de todas las organizaciones a nivel continental y poder conformar una agenda común para todo el continente. En todos los países de América prácticamente coincidimos en que la mayor (1) _reivindación_ que tenemos es la que se refiere al uso de la (2) _tierra_ . Ha habido un gran proceso migratorio hacia las ciudades, porque dentro de las comunidades los (3) _campesinos_ no pueden tener un desarrollo sustentable, y entonces la migración es prácticamente forzada.

La pérdida (*loss*) de territorio comenzó con la propia conquista, pero se acentuó cuando se organizaron los estados nacionales, ya que en los territorios indígenas existían importantes (4) _recursos_ como el petróleo o los metales. Con el acceso a los medios de comunicación masivos, ahora todo el mundo conoce las demandas de estos (5) _pueblos_ originarios y en general hay un mayor (6) _reconocimiento_ de la importancia de estas comunidades.

SAM 2

Lee estos fragmentos sobre la situación de las poblaciones indígenas de América. Escribe el equivalente en español de los verbos en negrita. ¡Atención!: escribe la preposición correcta (*con, por, a, de, en*) con cada verbo.

1. The United Nation's High Commission for Refugees (UNHCR) warns that many of Colombia's indigenous groups **face** _____ extinction, due to murder, threats of violence, and forced displacement.

2. Indigenous peoples from Ecuador's Amazon region presented a formal letter to the United Nations where they **complained about** _____ the environmental and social damage resulting from Texaco's exploitation of oil in the region.

3. The language of Ayapaneco has been spoken in Mexico for centuries. But now, like so many other indigenous languages, it is at risk of extinction. There are just two people left who can speak it fluently – but they **refuse** _____ to talk to each other.

4. Some 'uncontacted' tribes living deep in the forests of Peru fight every day to **defend themselves from** _____ oil companies and loggers who invade their territories.

5. Indigenous law **is based on** _____ social arrangements that are far different from those imported to the Americas from Europe.

6. Native Americans **oppose** _____ Arizona Anti-Immigrant Law, because all but a very small portion of Americans immigrated to this land when other people were already established on it.

SAM 3

Escribe la palabra que falta (nombre o verbo) en el espacio en blanco.

	VERBOS	NOMBRES
1.	denunciar	la
2.	identificarse	la
3.		la reivindicación
4.	reconocer	el
5.		la oposición
6.	mejorar	la

PERSPECTIVA LINGÜÍSTICA: GRAMÁTICA

SAM 1 *Verbos reflexivos* (Gramática 4-1)

Estudia la Gramática 4-1. Después responde a las preguntas.

1. ¿En qué frases se colocó correctamente el pronombre *se*?

   1. Muchos pueblos indígenas se están enfrentando a la discriminación cada día.
   2. Muchos pueblos indígenas están enfrentándose a la discriminación cada día.
   3. Muchos pueblos indígenas están se enfrentando a la discriminación cada día.

   a. 1, 2 y 3
   b. 1 y 2
   c. 1

2. ¿En qué frases se colocó correctamente el pronombre *se*?

   1. Los movimientos indígenas se tienen que oponer a los intereses de las multinacionales.
   2. Los movimientos indígenas tienen que se oponer a los intereses de las multinacionales.
   3. Los movimientos indígenas tienen que oponerse a los intereses de las multinacionales.

   a. 1 y 3
   b. 2 y 3
   c. 1 y 2

3. ¿En qué frases se colocó correctamente el pronombre *se*?

   1. El líder indígena dijo: ¡Opónganse a las exigencias de la compañía petrolera!
   2. El líder indígena dijo: ¡Se opongan a las exigencias de la compañía petrolera!.
   3. El líder indígena dijo: ¡Opongan se a las exigencias de la compañía petrolera!

   a. 1 y 3
   b. 1
   c. 1 y 2

4. ¿En qué frases se colocó correctamente el pronombre *se*?

   1. El presidente dijo: ¡No preocúpense por sus tierras!
   2. El presidente dijo: ¡Se no preocupen por sus tierras!
   3. El presidente dijo: ¡No se preocupen por sus tierras!

   a. 3
   b. 2
   c. 1

5. ¿Es un verbo reflexivo o no?

*Indigenous leaders **stopped** a plan by the National Geographic Society that would allow its geneticists to collect DNA samples from the Q'eros, a remote Peruvian tribe believed to have descended from the first Inca.*

a. se pararon
b. pararon

6. ¿Es un verbo reflexivo o no?

*The right of indigenous peoples to **protect** and enjoy their cultural heritage is recognized in the Declaration on the Rights of Indigenous Peoples.*

a. proteger
b. protegerse

7. ¿Es un verbo reflexivo o no?

*In many cases, indigenous people **move** within the borders of their land to honor deities and express thanks for past harvests.*

a. se mueven
b. mueven

8. ¿Es un verbo reflexivo o no?

*The U.N. Declaration on the Rights of Indigenous Peoples is an instrument that indigenous populations can use to **protect** themselves from discrimination against them.*

a. protegerse
b. proteger

9. ¿Es un verbo reflexivo o no?

*Some US residents of Mexican and Central American origin **identify** as Native Americans in the Census.*

a. identifican
b. se identifican

10. ¿Es un verbo reflexivo o no?

*Bolivia has become the first country in the history of South America to declare the right of indigenous people to **govern** themselves.*

a. gobernarse
b. gobernar

SAM 2   *Verbos reflexivos* (Gramática 4-1)

Lee este texto sobre el avance del movimiento indígena en Latinoamérica. Decide si los verbos que faltan son *reflexivos o no*, y escríbelos en el tiempo y forma correctos.

Cada vez más los indígenas participan en organismos de gobierno locales, regionales y nacionales. Las plataformas indígenas de diferentes países (unificar / unificarse) [1] ___Se unificaron___ en 1992 con las celebraciones del V Centenario. Hoy día en países como Bolivia, Ecuador, Panamá o Colombia los indígenas (hallar / hallarse) [2] ___Se hallan___ en muchos puestos de gobierno a nivel local, municipal y regional. Sin embargo, el ex-vicepresidente de Bolivia, Víctor Hugo Cárdenas, (negar / negarse) [3] ___Se niega___ que se pueda hablar de un movimiento indígena único, aunque reconoce que muchos de estos movimientos (parecer / parecerse) [4] ___se parecen___ en sus reivindicaciones y objetivos.

Otros factores que contribuyen a la unidad es que los líderes de las comisiones indígenas (encontrar / encontrarse) [5] ___se encuentran___ frecuentemente en reuniones y además los movimientos indígenas tienen páginas de Internet donde (poner / ponerse) [6] ___ponen___ información que involucra a comunidades de todos los continentes.

Muchos se preguntan hasta qué punto el factor Evo Morales y el ascenso indígena en Bolivia puede influir en la marcha del movimiento en otros países. El presidente boliviano (convertir / convertirse) [7] ___Se convirtió___ en una figura influyente entre los movimientos indígenas de toda América Latina y el gobierno de su país (acordar / acordarse) [8] ___acordó___ varias leyes que favorecen los derechos culturales y de las tierras ancestrales de estas comunidades.

SAM 3   *Diferencia entre verbos reflexivos y en voz pasiva* (Gramática 4-2)

Decide si los verbos en negrita son *reflexivos* o están en *voz pasiva*. En el espacio en blanco, escribe el *infinitivo* del verbo. ¡Atención!: no olvides que los verbos reflexivos tienen infinitivos terminados en -*se*.

Históricamente la etnia mapuche ha luchado en Chile por recuperar territorios ancestrales, pero hoy el conflicto indígena gira también alrededor de la Isla de Pascua: un clan nativo **se niega** [1] _____ *negarse* _____ a que un lujoso hotel funcione en un sector que reclaman como propio. La situación comenzó cuando la familia Hito ocupó los terrenos donde **se encuentra** [2] _____ *encontrarse* _____ el hotel Hanga Roa, alegando que estas tierras pertenecen a sus ancestros y **se entregaron** [3] _____ *entregarse* _____ a manos privadas violando la ley de 1966, donde **se establece** [4] _____ *establecer* _____ que las tierras no pueden ser propiedad de particulares extranjeros.

Sólo un 13,6% del territorio insular está en manos de los rapanui, aunque estos representan más del 70% de la población. La situación de los pascuenses es distinta a la que viven los mapuches pero se parecen [5] _____ *parecerse* _____ en la forma en que **se ha tratado** [6] _____ *tratar* _____ a los indígenas. Aunque **se acusó** [7] _____ *acusar* _____ a los isleños de usurpación de propiedad por participar en la ocupación del hotel Hanga Roa, estas acusaciones **se desecharon** [8] _____ *desechar* _____ porque aún es necesario que la justicia civil determine quién es el dueño de las tierras donde está el hotel.

SAM 4 *Diferencia entre verbos reflexivos y en voz pasiva* (Gramática 4-2)

Lee estas breves noticias relacionadas con las poblaciones indígenas de Latinoamérica. Decide para cada caso qué opción es correcta.

1. En el Foro Permanente sobre Cuestiones Indígenas de la ONU _____ asuntos como la pobreza en América Latina, que es particularmente severa y profunda entre los indígenas.

   a. se debaten (pasivo)
   b. se debate (pasivo)
   c. se debaten (reflexivo)

2. Durante la última legislación, en el Congreso de Guatemala no _____ ni una sola ley a favor de los pueblos indígenas.

   a. se aprobaron (pasivo)
   b. se aprobó (pasivo)
   c. se aprobó (reflexivo)

3. En la Universidad Indígena Boliviana "Tupac Katari" _____ los conocimientos, saberes y competencias desarrollados por los pueblos y naciones indígenas mayoritarias en Bolivia.

   a. se enseña (reflexivo)

   b. se enseñan (reflexivo)

   c. se enseñan (pasivo)

4. En el Día Internacional de las Poblaciones Indígenas los nativos colombianos _____ de los líderes indígenas asesinados a causa del conflicto interno colombiano.

   a. se acuerda (reflexivo)

   b. se acuerdan (reflexivo)

   c. se acuerdan (pasivo)

5. Un informe del Fondo de las Naciones Unidas para la Infancia, UNICEF, hace un llamado para que _____ medidas globales urgentes para proteger los derechos de los niños indígenas.

   a. se tomen (reflexivo)

   b. se tomen (pasivo)

   c. se tome (reflexivo)

6. Algunas comunidades indígenas en México _____ bajo asedio (*under siege*) del narco y se han convertido en las nuevas víctimas de la guerra contra los cárteles de drogas.

   a. se encuentran (reflexivo)

   b. se encuentran (pasivo)

   c. se encuentra (reflexivo)

SAM 5   *Diferencia entre verbos reflexivos y en voz pasiva* (Gramática 4-2)

Lee este texto sobre el guaraní, la otra lengua oficial de Paraguay. Después decide si los verbos en negrita son *reflexivos* o están en *voz pasiva*. Escribe la forma del *infinitivo* para cada verbo en el espacio en blanco.

> Cuenta la historia que cuando los revolucionarios paraguayos declararon la independencia de España, el 14 de mayo de 1811, usaron una contraseña en idioma guaraní para permitir el acceso al lugar donde **se conspiró** [1] __Conspirar__ contra el dominio español. Doscientos años después, cuando **se conmemora** [2] __conmemorar__ el bicentenario de esos acontecimientos, el idioma originario sigue ocupando un lugar central en la vida de los paraguayos.
>
> *[Continúa en la pág. siguiente...]*

Se estima [3] _____estimar_____ que el 90% de la población lo habla, y junto al castellano es lengua oficial (establecido en la nueva Constitución de 1992). Además, el 27% de la población paraguaya solamente habla esta lengua.

La lengua guaraní no **se perdió** [4] _____perder_____ porque, mientras que en el resto de la región la inmigración europea impuso sus propios idiomas, en Paraguay –donde El guaraní fue y continúa siendo un elemento que amalgama a la sociedad paraguaya. Los uruguayos **se consideran** [5] _____considerarse_____ guaraníes y cuando un paraguayo se encuentra [6] _____encontrarse_____ con otro paraguayo en cualquier parte del mundo, es común que hablen en guaraní. No obstante, aún persiste en el país una ambivalencia respecto a su uso. Por un lado hay una revalorización del guaraní, que desde hace 40 años **se enseña** [7] _____enseñar_____ obligatoriamente en las escuelas. Por otro lado, hay algunos que **se niegan** [8] _____negarse_____ a hablarlo o estudiarlo porque lo consideran un idioma menos culto.

− 3

SAM 6   *Adverbios en -mente (Gramática 4-3)*

Lee estas frases sobre las poblaciones indígenas en América Latina. Escribe el adverbio terminado en *-mente* que equivale al adverbio en inglés.

1. According to the UN, the number of indigenous children working in Latin America is **likely** _____ double that of other, non-indigenous minors.

2. In Bolivia, indigenous groups, **mainly** _____ Quechuas and Aymaras, make up 62 percent of Bolivia's population.

3. Outside the Mayan area, no other indigenous language of Latin America was ever **truly** _____ written before the Europeans arrived.

4. **Currently** _____, only about 67% of the indigenous peoples in Mexico (or 5.4% of the country's population) speak an Amerindian language.

5. The indigenous peoples of South America are found from the Isthmus of Panama to Tierra del Fuego. **Sadly** _____ they continue to be assimilated into white-dominated national cultures.

6. The socio-economic gaps suffered by indigenous populations across Latin America **undoubtedly**

_____ come from the historical wrongs committed on its first peoples.

SAM 7   *Adverbios en -mente* (Gramática 4-3)

Completa este texto sobre los indígenas de Venezuela con los adverbios adecuados.

aproximadamente	básicamente	parcialmente
lamentablemente	generalmente	específicamente

En el momento del contacto europeo había una gran heterogeneidad de etnias indígenas en el territorio que hoy es Venezuela. [1] _lamentablemente_ muchas de estas poblaciones desaparecieron por diversos motivos, [2] _específicamente_ exterminio, esclavitud, guerras, enfermedades y por asimilación a la población global. La población indígena venezolana alcanza [3] _aproximadamente_ 300.000 personas, agrupadas en 28 grupos étnicos. De estos, los guajiros representan el 53% de toda la población indígena del país.

[4] _generalmente_ viven dispersos para aprovechar mejor los recursos de su hábitat. La mayoría de estas etnias se han adaptado [5] _parcialmente_ a la convivencia con la población criolla occidental, ya que todavía mantienen su identidad étnica, el idioma y los valores culturales ancestrales. Conservan extensiones variables de tierras originales y gozan de niveles de salud [6] _básicamente_ aceptables, aunque a veces precarios.

ENFOQUE 2: EL MAPA POLÍTICO DE AMÉRICA LATINA

PERSPECTIVA LINGÜÍSTICA: VOCABULARIO

SAM 1

Lee estas dos noticias relacionadas con Venezuela y escribe las palabras que faltan. Escribe los nombres en singular o en plural según sea necesario. Si son verbos, escríbelos en la forma correcta y tiempo adecuados.

deberse   mostrarse   potencia   huelga

respaldo   preocupar   reanudar

Noticia 1

Los obreros de la planta de Coca Cola que declararon una (1) __huelga__ en Venezuela alcanzaron finalmente un acuerdo definitivo con la empresa y decidieron (2) __reanudar__ su trabajo. Hasta el mes pasado, los trabajadores (3) __se mostraron__ muy inflexibles porque querían una subida salarial de 45 bolívares diarios (10,4 dólares) y no de 16 bolívares (3,7 dólares) como ofrecía Coca Cola.

Noticia 2

Las sanciones de Estados Unidos en contra de la petrolera estatal venezolana beneficiaron al gobierno del fallecido presidente Hugo Chávez. Chávez utilizó las sanciones como arma para ganar (4) __respaldo__ para su campaña presidencial de 2012. Las sanciones (5) __se deben__ a que, según Estados Unidos, la petrolera venezolana entregó gasolina y otros productos petroleros refinados a Irán, lo que viola una ley estadounidense. Al gobierno venezolano no le (6) __preocupa__ esta situación, ya que no afecta al flujo de los 1,2 millones de barriles diarios de petróleo venezolano a Estados Unidos. Como gran (7) __potencia__ petrolera, Venezuela necesita el mercado estadounidense de exportación y Estados Unidos necesita el petróleo venezolano.

SAM 2

Escribe la palabra que falta (nombre o verbo) en el espacio en blanco.

	ADJETIVOS	NOMBRES
1.	capitalista	el
2.	socialista	el
3.		la ideología
4.	petrolero	el

	NOMBRES	VERBOS
1.	el	respaldar
2.	el	retar
3.	el	esforzarse
4.	el	levantar

SAM 3

Lee estos fragmentos en inglés sobre Venezuela, Ecuador y Bolivia. Escribe el equivalente en español de las palabras en negrita. Si son verbos, escribe las preposición correcta (*con, por, a, de, en*). ¡Atención: escribe el artículo (*el, la, los, las*) delante de los sustantivos!

1. During the fourth quarter of 2011, 46.4 percent of the **remittances** _____ to Ecuador were sent from the United States, while Spain accounted for 40.7 percent.

2. Bolivia was recently discovered to contain an estimated 50% of the anticipated world's supply of lithium, and it could **become** _____ a major supplier of lithium for car batteries.

3. Thousands of government **supporters** _____ jammed into a plaza on Sunday to protest U.S. sanctions against Venezuela's state oil company.

4. In the opinion of some experts, Morales´s alliance with Venezuela and his opposition to the U.S. do not make him a socialist radical, as some of his **opponents** _____ contend.

5. Ecuador officially **joined** _____ the Bolivarian Alternative for the Peoples of Our America (ALBA) in June **2009**, during the special summit of this organization in Venezuela.

6. Hugo Chávez was born into a **working class** _____ family in Sabaneta, Barinas State, Venezuela.

PERSPECTIVA LINGÜÍSTICA: GRAMÁTICA

SAM 1   *Diferencia entre verbos reflexivos y en voz pasiva* (Gramática 4-2)

Lee este texto sobre las "dinastías políticas" de América Latina. Luego fíjate en los verbos en negrita y decide si son *reflexivos* o están en *voz pasiva*. Escribe la forma del *infinitivo* de cada verbo.

América Latina ha tenido dinastías políticas de distinto tipo. En opinión del sociólogo peruano Sinesio López, "es típico que en las sociedades latinoamericanas **se vea** [1] _____ la tradición como fuente de legitimidad. Hay experiencia en el manejo de la cosa pública y entonces la gente **se apega** [2] _____ a esos apellidos". En la misma línea **se expresa** [3] _____ el historiador uruguayo Lincoln Maiztegui Casas, quien opina que la aparición de las dinastías es "una característica de este tipo de sociedades, muy estratificadas", donde el poder **se concentra** [4] _____ en las manos de los grupos sociales más ricos. Según el sociólogo e historiador argentino Marcos Novaro "cuando no **se tiene** [5] _____ un sistema sólido, con partidos e instituciones fuertes, empiezan los problemas. Y eso, con unas pocas excepciones, es la norma en América Latina".

En Guatemala, por ejemplo, podría haber un cambio de mando entre dos ex esposos. Álvaro Colom lideró el país desde 2008 hasta 2011. Ante la imposibilidad constitucional de que un familiar postulara al cargo, **se divorció** [6] _____ de su esposa, Sandra Torres, para darle vía libre para aspirar a la presidencia.

[Continúa en la pág. siguiente...]

En Costa Rica, el hermano del ex presidente Óscar Arias (1986-1990 y 2006-2010), Rodrigo Arias, **se postuló** [7] _____ a la presidencia en 2014. Lincoln Maiztegui dice que esto no es algo deseable porque las virtudes políticas no **se heredan** [8] _____ , pero no le parece necesariamente peligroso para la democracia.

SAM 2   *Diferencia entre verbos reflexivos y en voz pasiva* (Gramática 4-2)

Lee este texto sobre las mujeres presidentas en Latinoamérica. Escribe los verbos en paréntesis en la forma y tiempo correctos (*se* reflexivo o *se* en voz pasiva).

Con su victoria en las elecciones que (celebrar) [1] _se celebró_ *celebraron* en febrero de 2010 en Costa Rica, Laura Chinchilla marcó un hito en el país centroamericano, pero no en América Latina donde ya diez mujeres están -o han estado- al mando en algún país, cinco de ellas elegidas por voto popular. María Estela Martínez de Perón (convertirse) [2] _se convertió_ en la primera mandataria en la región cuando asumió el poder en Argentina en 1974 tras la muerte de su marido, Juan Domingo Perón.

Más tarde, en 1990, (elegir) [3] _se eligió_ en Nicaragua a la primera mujer presidenta de su historia, Violeta Chamorro. En 1999 en Panamá, la viuda de un ex presidente, Mireya Moscoso, (postularse) [4] _se postuló_ como candidata a las elecciones y fue la primera mujer en liderar su país. En 2013 Michelle Bachelet obtuvo por segunda vez la presidencia de Chile. Bachelet continuó con las políticas de libre mercado mientras que (preocuparse) [5] _se preocupó_ de aumentar los beneficios sociales.

Cristina Fernández de Kirchner ganó las elecciones de Argentina en 2007 por amplio margen. Fernández, que sucedió a su esposo Néstor Kirschner, ha continuado con la tendencia de gobiernos de centro- izquierda en la región y su línea política (parecerse) [6] _se pareció_ *parece* mucho a la de su esposo. Finalmente, Laura Chinchilla, la primera presidenta electa de Costa Rica (2010-2014), prometió diálogo político y (comprometerse) [7] _se comprometió_ a luchar contra el narcotráfico.

SAM 3   *Adverbios en* -mente (Gramática 4-3)

En este texto sobre diferentes tipos de socialismo hay ocho adverbios en inglés. Escríbelos en español: todos ellos deben terminar en -*mente*.

(Basically) [1] _Básicamente_ el socialismo democrático es un tipo de socialismo menos 'revolucionario' pero más efectivo y durable. Es un socialismo moderado que combina (mainly) [2] _principalmente_ el buen desarrollo económico, la justicia social y el pluralismo político, y su propósito es (specifically) [3] _específicamente_ integrar las ventajas del socialismo con las de una auténtica democracia.

El líder socialista de India, Asoka Mehta, afirma que el socialismo es (certainly) [4] _ciertamente_ una atractiva meta, pero la concentración de poder es tan peligrosa como la concentración de capital, y la burocracia oficial puede ser ineficiente y corrupta. Esto ha sido (particularly) [5] _particularmente_ cierto en los países latinoamericanos. (Presently) [6] _actualmente_ en algunos países como Brasil o Perú se observa un tipo de socialismo intermedio o "tercera vía" entre la experiencia social-demócrata y la neo-liberal capitalista, que (undoubtedly) [7] _indudablemente_ parece más viable para el siglo XXI. Sin embargo, (only) [8] _solamente_ el tiempo dirá si este modelo beneficiará a la región.

SAM 4   *Verbos como* 'gustar' (Gramática 4-4)

Lee estas frases sobre José Mujica, presidente de Uruguay desde 2010 hasta 2015. Para cada una elige la respuesta correcta. ¡Atención: algunas de las frases tienen verbos como 'gustar', pero otras tienen verbos reflexivos.

1. _____ encanta este presidente, porque lo ven como un ciudadano más, como una persona "del pueblo".

   a. Muchas personas les
   b. A muchas personas les
   c. A muchas personas se

2. _____ emociona cuando recuerda su pasado, ya que durante el gobierno militar (1973-1985) estuvo preso en condiciones muy difíciles.

  a. El presidente le
  b. El presidente se
  c. Al presidente le

3. _____ molesta que sus oponentes lo acusen de no tener título universitario y de haber sido granjero.

  a. El presidente no se
  b. El presidente no le
  c. Al presidente no le

4. _____ parece fundamental mejorar el conocimiento y la educación de los uruguayos y este fue uno de los pilares de su gobierno.

  a. A Mujica se
  b. Mujica le
  c. A Mujica le

5. _____ cuesta un poco dedicarse a la política y dejar su granja y sus flores, pero cuando se retire piensa abrir una escuela rural.

  a. A Mujica le
  b. A Mujica se
  c. Mujica se

6. _____ miedo que Uruguay siga los pasos (*steps*) del Venezuela.

  a. Sus opositores se dan
  b. A sus opositores les da
  c. A sus opositores les dan

7. Mujica siempre_____ mucho por la línea socialista de Lula Da Silva, ex presidente del Brasil, y considera que Lula es una inspiración para las nuevas generaciones.

  a. ha interesado
  b. se ha interesado
  c. le ha interesado

8. _____ enoja cuando la gente dice que es demasiado mayor (77 años) para ser presidente.

a. Mujica no le
b. Mujica no se
c. A Mujica no se

SAM 5   *Verbos como* 'gustar' (Gramática 4-4)

Lee este breve artículo sobre Daniel Ortega, líder de la revolución sandinista y actual presidente de Nicaragua. Escribe en cada espacio el *verbo* con el *pronombre* adecuado.

El Presidente de Nicaragua, Daniel Ortega, ganó las elecciones en el año 2006. Era la cuarta vez que se presentaba como candidato por el Frente Sandinista de Liberación Nacional (FSLN). En aquel momento, al Presidente Ortega (parecer) [1] _le pareció_ fundamental culminar esta etapa de la historia de Nicaragua, que pasa por el derrocamiento del dictador Somoza, el triunfo de la revolución en 1979 y el establecimiento de una Constitución en 1987.

Fue en 1979 cuando los revolucionarios sandinistas tomaron el poder en Nicaragua. La revolución Sandinista ha dejado su marca en la Nicaragua democrática y hoy día, tanto a los críticos como a los simpatizantes (parecer) [2] _les parece_ obvio que la revolución ayudó a consolidar la democracia.

"Personalmente, (pone) [3] _me pone_ muy feliz pensar que la gente aprendió a valorar y a hacer respetar sus derechos" dice Ortega. "Yo soy sandinista, mi filosofía revolucionaria se origina en el cristianismo y Cristo fue mi primera inspiración. A mí no (importar) [4] _me importa_ decir que, como revolucionario, me inspiro en Cristo, en Marx y en Lenin. A muchas personas (extrañar) [5] _les extraña_ que mezcle cristianismo y revolución, pero entre estos dos conceptos no hay contradicción. A mí siempre (interesar) [6] _me interesaron_ los dos conceptos y, además, esto nos ha acercado a la Iglesia Católica de Nicaragua". Ortega fue reelegido en 2011.

SAM 6   *Verbos como* 'gustar' (Gramática 4-4)

Lee esta entrevista con el lingüista y activista político Noam Chomsky, profesor del Instituto de Tecnología de Massachussetts (MIT), sobre los países socialistas en América Latina. Completa las frases usando la información entre paréntesis, conjugando los verbos de forma pronominal (como *gustar*).

P: Usted se ha referido de forma muy positiva a algunos cambios en América del Sur. ¿Podría darnos ejemplos?

NC: Por primera vez en 500 años los países sudamericanos han comenzado a integrarse de forma significativa, tras haber estado separados a lo largo de su historia. (yo, parecer) [1] _____me parece_____ que algunos cambios que están ocurriendo son inspiradores. Tomemos, por ejemplo, el caso de Bolivia, el país más pobre de Sudamérica, donde la población indígena está luchando por asuntos como el control de los recursos y los derechos culturales. Eso es democracia verdadera. Claro que (las élites, no gustar) [2] _____no les gusta_____ esto y por eso están tratando de parar el proceso.

P: El anterior presidente de Venezuela, Hugo Chávez, hablaba mucho sobre usted. ¿Qué piensa usted de él?

NC: Muchos de los programas que inició (yo, parecer) [3] _____me parecen_____ bastante admirables, como los programas sociales y los esfuerzos para reducir la pobreza. Sin embargo (yo, preocupar) [4] _____me preocupan_____ los problemas del país, como el alto nivel de crimen y la enorme corrupción. Pero (los venezolanos, importar) [5] _____les importa_____ mucho la democracia y tienen optimismo sobre el futuro.

P: Actualmente (mucha gente, preocupar) [6] _____les preocupa_____ la relación del presidente Obama con América Latina. ¿Cuál es el futuro de América Latina en su relación con EE.UU.?

NC: Por primera vez en 500 años América Latina está tomando el control de sus propios asuntos, sin el control de una potencia extranjera.

P: Hoy día (muchos, preocupar) [7] _____les preocupan_____ las relaciones entre Venezuela y EE.UU. ¿Deben cambiar? Después de todo, (Estados Unidos, interesar) [8] _____les interesa_____ tener buenas relaciones comerciales.

NC: No veo muchas señales de esto. Podría decirse que en cierta forma (ambas partes, interesar) [9] _____les interesa_____ mantener sus relaciones tal como están.

ENFOQUE 3: EL NARCOTRÁFICO Y LA VIOLENCIA

PERSPECTIVA LINGÜÍSTICA: VOCABULARIO

SAM 1

Lee este texto sobre Guatemala y el narcotráfico. Identifica las seis palabras que faltan. Escribe los nombres en singular o en plural según sea necesario. Si son verbos, escríbelos en la forma correcta y tiempo adecuados. Atención: no todas las palabras son necesarias.

contrabando	red	trata	contrarrestar	incautar
enfrentamiento		narcotráfico		rehén

Guatemala ha sido calificada como el primer narco estado de América Latina. El presidente ha acusado a los gobiernos anteriores de haber entregado el país al crimen organizado, y dice que el problema del (1) _narcotráfico_ no es un problema reciente. Debido a los constantes (2) _enfrentamientos_ entre integrantes del crimen organizado mexicano y guatemalteco, Guatemala está siendo gobernada por (3) _redes_ criminales que han aprovechado el abandono del estado para instalarse en territorio guatemalteco.

Los analistas creen que las declaraciones del presidente surgen de la desesperación de no encontrar maneras de (4) _contrarrestar_ el crimen organizado. Guatemala se ha convertido, por su cercanía con México y los Estados Unidos, en territorio fértil para las organizaciones que no sólo se dedican al (5) _contrabando_ internacional de droga, sino a la (6) _trata_ de personas, incluyendo emigrantes indocumentados.

SAM 2

Lee estos fragmentos sobre el narcotráfico en México y escribe el equivalente en español de la palabra o expresión en negrita. Escribe las palabras con el género (masculino o femenino) y número (singular o plural) correctos. ¡Atención!: escribe al artículo (*el, la, los, las*) delante de los sustantivos.

1. Felipe Calderón took unprecedented measures to fight Mexico's drug war, including the use of army units. Over the past years, drug-related violence has claimed thousands of lives and turned cities such as Ciudad Juárez into **bloody** _____ war zones.

2. U.S. law enforcement **seized** _____ thousands of pounds of drugs and arrested hundreds of people in a synchronized bust targeting Mexican drug cartels.

3. Authorities in Mexico's Tamaulipas state say they are coordinating with U.S. law enforcement to launch an investigation into the **gunshot** _____ that killed a woman.

4. Mexico's 'war next door' is **linked** _____ directly to United States, as US federal authorities say traffickers are now entrenched in at least 270 American cities.

5. Brutality is consuming many regions in Mexico as **drug-trafficking** _____ cartels fight with each other and the authorities over smuggling routes to the United States.

6. Victims of Mexico's drug war include thousands of police officers, soldiers, public officials, judges and journalists, as the traffickers fight back with powerful **weapons** _____, many of them purchased in the United States.

7. Terrified Mexican officials have fled across the **border** _____ seeking political asylum and some Mexican villages have become ghost towns.

SAM 3

Escribe la palabra que falta en el espacio en blanco.

	VERBOS	NOMBRES
1.	consumir	el
2.	detener	la
3.	asesinar	el
4.	encarcelar	la
5.	enfrentarse a	el
6.	rescatar	el

PERSPECTIVA LINGÜÍSTICA: GRAMÁTICA

SAM 1 *Verbos reflexivos* (Gramática 4-1)

Lee esta noticia sobre los refugiados colombianos en Ecuador. Elige el verbo correcto (reflexivo o no) para completar las frases y escríbelo en el espacio en blanco.

Un total de 53.000 personas tienen la condición de refugiado en Ecuador

Silvio M., un campesino de 42 años, es un refugiado colombiano que tras permanecer cinco años "sin papeles", obtuvo el mes pasado, junto con su esposa e hijo, la visa de refugiado. Silvio dice que tuvo que **ir / irse** [1] _____ de Colombia porque **negó / se negó** [2] _____ a aceptar la demanda de los grupos guerrilleros de **integrar / integrarse** [3] _____ a sus filas. En Ecuador **hallan / se hallan** [4] _____ unos 80.000 colombianos que requieren una visa de refugiado, de los 135.000 colombianos en necesidad de protección internacional bajo esta condición.

Ecuador invierte varios millones de dólares anualmente en este tema, pero opina que Colombia debe **responsabilizar / responsabilizarse** [5] _____ del problema. Colombia **niega / se niega** [6] _____ que no esté prestando atención al problema y espera **acordar / acordarse** [7] _____ muy pronto medidas dentro del proceso de normalización de sus relaciones bilaterales.

SAM 2 *Diferencia entre verbos reflexivos y en voz pasiva* (Gramática 4-2)

Lee esta noticia sobre la violencia de género en Guatemala. Escribe los verbos en paréntesis en la forma correcta: *reflexiva* o *voz pasiva*. ¡Atención!: algunas frases requieren el uso del subjuntivo!

Guatemala, récord de asesinato de mujeres

La comisionada presidencial contra el feminicidio en Guatemala expresó su preocupación porque en 2011 no (reducir) [1] _____ el número de asesinatos de mujeres en el país. Hoy las mujeres en Colombia (enfrentarse) [2] _____ a varios retos, y uno de los más difíciles es la violencia de género.

[Continúa en la pág. siguiente...]

Para reducir el número de asesinatos de mujeres "debe funcionar el andamiaje del Estado y (deber) [3] _____ implementar una serie de políticas y leyes que ya están establecidas, porque Guatemala es uno de los pocos países que tiene una ley de feminicidio".

La organización humanitaria Amnistía Internacional está presionando a las autoridades de Guatemala para que (comprometerse) [4] _____ a reducir los numerosos asesinatos de mujeres en el país y (juzgar) [5] _____ a los asesinos. Para Sebastián Elgueta, especialista en la defensa de los derechos humanos, "las mujeres en Guatemala están muriendo porque el Estado no (preocuparse) [6] _____ de protegerlas".

SAM 3 *Diferencia entre verbos reflexivos y en voz pasiva* (Gramática 4-2)

Lee este texto sobre cómo el narcotráfico está afectando a las comunidades indígenas de México. Piensa primero si los verbos entre paréntesis deben ser *reflexivos* o estar en *voz pasiva*. Luego escríbelos en la forma correcta. ¡Atención!: todos los verbos deben estar en *presente de indicativo* o *presente de subjuntivo*.

En México, la lucha contra y entre cárteles de narcotráfico ha cobrado nuevas víctimas: las comunidades indígenas que frecuentemente (hallar) [1] _____ en el fuego cruzado de bandas rivales. Autoridades y organizaciones de derechos humanos reconocen que los habitantes de varios pueblos han sido desplazados por la delincuencia organizada.

Algunas comunidades (enfrentar) [2] _____ a amenazas de los cárteles para que (ir) [3] _____ de su territorio, que en algunos casos utilizan como cuartel o para producir drogas. Por ejemplo, un grupo del Cartel de Sinaloa quemó el pueblo de Tierras Coloradas, en el municipio de Mezquital, en venganza porque colaboraban con el grupo rival de Los Zetas. Desde entonces varias comunidades vecinas han sufrido ataques similares, lo que ha provocado el exilio de cientos de habitantes, que (refugiar) [4] _____ en la capital o en estados vecinos.

[Continúa en la pág. siguiente...]

Con estos atentados (aterrorizar) [5] _____ a los pobladores para que abandonen el territorio.

Algunas familias (quedar) [6] _____ en sus comunidades, otras (arriesgar) [7] _____ a volver, pero muchas deciden no regresar nunca a sus tierras. Debido a la escasa respuesta de las autoridades federales al asedio de narcotraficantes, algunas comunidades toman sus propias medidas para defenderse. Es el caso de los pueblos purépecha de Michoacán, que tienen su propio sistema de seguridad. Así, hasta que (conseguir) [8] _____ una solución, a las comunidades indígenas de Michoacán sólo les queda un camino: la autodefensa.

SAM 4   *Adverbios en* -mente (Gramática 4-3)

Lee estas frases que son parte de un texto sobre el narcotráfico en el mundo. Elige el adverbio que completa cada frase.

1. Un informe de la Comisión Global sobre Política de Drogas dice que la guerra contra las drogas ha fracasado y que _____ legalizando el uso de las sustancias prohibidas se podrá solucionar el problema.

    a. diariamente
    b. eventualmente
    c. únicamente

2. El informe dice que "la guerra contra la droga no ha sido, no podrá y no será ganada", y considera que la estrategia usada hasta el momento ha tenido consecuencias _____ devastadoras para personas y países.

    a. afortunadamente
    b. realmente
    c. mensualmente

3. En el texto se informa de que el consumo de drogas ha crecido (opiáceos en un 34,5 %; cocaína en un 27%, cannabis en un 8,5%), lo cual es _____ catastrófico.

    a. finalmente
    b. respectivamente
    c. verdaderamente

4. El informe dice que un cambio en las leyes sobre el consumo de drogas _____ podría reducir la demanda y el consumo.

   a. eventualmente
   b. lamentablemente
   c. actualmente

5. _____, en los países donde se han ensayado políticas menos restrictivas, como Portugal, Holanda, Suiza y Gran Bretaña, no se ha podido demostrar una incidencia directa en el aumento del consumo.

   a. totalmente
   b. seguramente
   c. efectivamente

6. El informe generó reacciones en México, _____ el terreno más caliente de la lucha contra el narcotráfico.

   a. actualmente
   b. eventualmente
   c. solamente

SAM 5   Verbos como 'gustar' (Gramática 4-4)

Lee este texto sobre un plan del gobierno mexicano para eliminar del vocabulario de sus ciudadanos las expresiones machistas. Luego escribe los verbos y complementos (entre paréntesis) en los espacios en blanco en el *presente*.

(Gobierno, interesar) [1] _le interesa_ que se dejen de usar palabras como "vieja" cuando se usa como sinónimo de esposa. Para ello se ha creado el Manual para el Uso No Sexista en el Lenguaje que será distribuido entre los funcionarios de todo el gobierno.

"El lenguaje es una construcción histórica, social y cultural que es modificable. La sociedad ha avanzado, así que (nosotros, parecer) [2] _nos parece_ necesario que el lenguaje que usamos se adapte", dijo la responsable de la Comisión Nacional para Prevenir y Erradicar la Violencia Contra las Mujeres (CONAVIM).

(Yo, molestar) [3] _me molesta_ por ejemplo, que se use el femenino como forma de denotar posesión, como ocurre con "la mujer de Pedro" o con "le dio la mano de su hija", básicamente porque las personas no son propiedad de nadie.

[Continúa en la pág. siguiente...]

Tampoco (yo, gustar) [4] _____me gusta_____ que se use el masculino para las profesiones. El femenino en profesiones se debe formar añadiendo una 'a' a la raíz de la palabra, por ejemplo "médico-médica" o "bombero-bombera". (Muchas mujeres, parecer) [5] _____les parece_____ mal que se use la expresión "pedir la mano" de la mujer antes de organizar la boda.

Inicialmente la idea del gobierno es cambiar los hábitos de vocabulario de los funcionarios mexicanos, pero espera que la tendencia, poco a poco, se extienda al resto de la ciudadanía. (Cristina, poner feliz) [6] _____le pone feliz_____ que este plan se esté llevando a cabo.

SAM 6 *Verbos como* 'gustar' (Gramática 4-4)

Lee estas frases relacionadas con el tema de la violencia en Latinoamérica y elige la opción correcta para completar cada una de ellas. Decide si se necesita un verbo como "gustar" o un verbo reflexivo.

1. Mucha gente _____ de mal humor con los múltiples casos de violencia doméstica que aparecen cada día en las noticias.

   a. se ponen
   b. le ponen
   c. se pone
   d. le pone

2. Yo realmente _____ que los gobiernos no hagan más por defender los derechos de las mujeres maltratadas.

   a. me avergüenzo
   b. me avergüenzo de
   c. me avergüenza
   d. me avergüenza de

3. A los indígenas _____ miedo que los cárteles de drogas lleguen a sus comunidades.

   a. se dan
   b. les da
   c. les dan
   d. se da

4. Los gobiernos de los países latinoamericanos _____ por el problema del narcotráfico.

   a. se preocupan
   b. les preocupa
   c. les preocupan

5. A mí _____ mucho creer que en el siglo XXI todavía haya tantas mujeres maltratadas.

   a. se cuesta
   b. me cuesta
   c. me cuesto

6. Hay muchas organizaciones a las que _____ la defensa de las mujeres y niñas.

   a. les interesa
   b. se interesa
   c. se interesan
   d. les interesan

Student Activities Manual (SAM)
UNIDAD 5
La América hispanohablante (II)

Puntos de Encuentro

ENFOQUE 1: MEDIOAMBIENTE Y DESARROLLO

PERSPECTIVA LINGÜÍSTICA: VOCABULARIO

SAM 1

En este fragmento sobre el bosque tropical en México faltan algunas palabras. Escribe las palabras que faltan. Escribe los nombres en singular o en plural según sea necesario.

crudo	peligro	madera	cultivo
recurso	selva	minería	

> México perdió el **90%** de su (1) _____ tropical en los últimos **40** años, según un estudio de la Universidad Autónoma de México (UNAM). La deforestación provocada por industrias como la (2) _____ o la (3) _____ , y el asentamiento de actividades productivas son los principales motivos de la pérdida del bosque tropical que cubría la cuarta parte de la superficie del país. El director del Instituto de Biología de la UNAM afirmó que, si sigue la tendencia, en **58** años desaparecerán todos los bosques tropicales mexicanos y los (4) _____ que ofrecen.
>
> México es el cuarto país con mayor biodiversidad del mundo, después de Indonesia, Brasil y Colombia. En el bosque tropical mexicano se encuentran **6000** especies vegetales, de las cuales el **60%** es exclusivo de la región. Varias de estas especies están en (5) _____ de extinción. Según el ministerio de Medio Ambiente de México, ese país ocupa el segundo lugar del mundo en pérdida de bosques, después de Brasil.

SAM 2

Lee estos fragmentos relacionados con el medio ambiente en América Latina. Escribe el equivalente en español de las palabras en negrita. Si es un nombre, escribe el artículo (*el, la, los, las*).

1. In the Galapagos Islands, the sheer numbers of visitors bring enormous volumes of **waste** _____ and pollution.

2. Costa Rica, the number one eco tourism destination in the world, has a long term plan for **sustainable development** _____.

3. Greenpeace has discovered the first evidence of coral reefs whitening in the Yucatan Peninsula in Mexico due to damage caused by the **greenhouse effect** _____ gases in marine ecosystems.

4. The Galapagos Islands may be listed as "in danger" by UNESCO because tourism is threatening the **environment** _____ of the islands.

5. The **cutting down** _____ of trees in the rain forest affects the earth climate because it produces more CO2 emissions.

6. In 2010, BP's Deepwater Horizon oilrig exploded in the Gulf of Mexico, killing 11 workers and causing the worst oil **spill** _____ in US history.

SAM 3

Escribe la palabra que falta (nombre o verbo) en el espacio en blanco.

	ARTÍCULOS + NOMBRES	VERBOS
1.	la contaminación	
2.	la	explotar
3.	el	desarrollar
4.	la renovación	
5.	la	talar
6.	rescatar	deteriorar

PERSPECTIVA LINGÜÍSTICA: GRAMÁTICA

SAM 1   *Uso del imperfecto de subjuntivo para hablar del pasado* (Gramática 5-1)

Estudia la Gramática 5-1. Después responde a las preguntas.

1. ¿Cuáles de estas expresiones requieren un verbo en subjuntivo en la frase subordinada?

1. *me parecía que ...*
2. *no dijo que ...*
3. *pensaba que ...*

    a. 2
    b. 1 y 2
    c. 2 y 3

2. ¿Cuáles de estas expresiones requieren un verbo en subjuntivo en la frase subordinada?

1. *no había duda de que ...*
2. *no era cierto que ...*
3. *estaba claro que ...*

    a. 2
    b. 1 y 2
    c. 2 y 3

3. ¿Cuáles de estas expresiones requieren un verbo en subjuntivo en la frase subordinada?

1. *me alegré de que ...*
2. *prefería que ...*
3. *esperaba que ...*
4. *pidió que ...*

    a. 1, 2 y 4
    b. 2 y 4
    c. 1, 2, 3 y 4

4. Lee esta frases:

1. *A los turistas les gustó mucho que las autoridades les **permitieran** entrar en el parque.*
2. *A los turistas les gustó mucho **ver** los diversos ecosistemas de las islas.*

¿Por qué la primera frase tiene un verbo en *imperfecto de subjuntivo* y la segunda frase tiene un verbo en *infinitivo*?

   a.   La frase 2 es incorrecta: debe tener imperfecto de subjuntivo.
   b.   La frase 1 es incorrecta: debe tener infinitivo.
   c.   La frase 1 tiene dos sujetos diferentes (*turistas y autoridades*).

5. ¿Qué expresiones van seguidas (*followed*) de un verbo en subjuntivo?

1. *Era mentira que ...*	5. *No era posible que ...*
2. *Estaba seguro de que ...*	6. *Pensaba que ...*
3. *Dudaba de que ...*	7. *Mandó que...*
4. *Era posible que ...*	8. *Propuso que ...*

   a.   Todas
   b.   Todas excepto 2 y 6
   c.   Todas excepto 2, 6 y 8

6. Lee estas frases:

1. *Fue muy triste **abandonar** la selva.*
2. *Fue muy triste que los indígenas **abandonaran** la selva.*

¿Por qué usamos *infinitivo* en el primer caso, pero *que + subjuntivo* en el segundo caso?

   a.   La frase 1 es incorrecta: debemos usar subjuntivo.
   b.   En la frase 2, el verbo *abandonar* tiene un sujeto específico: *los indígenas*. En la frase 1 no tiene un sujeto específico.
   c.   Con verbos de juicio de valor o sentimientos, se puede usar subjuntivo o infinitivo.

7. Lee estas frases:

1. *El presidente dijo a las petroleras que **abandonaran** el parque inmediatamente.*
2. *El presidente dijo a los ciudadanos que el parque **era** propiedad del estado.*

¿Por qué en la frase 1 el verbo está en *subjuntivo* y en la frase 2 está en *indicativo*?

   a.   La frase 1 es incorrecta. Debe ser indicativo: *abandonaban*, no *abandonaran*.
   b.   La frase 2 es incorrecta. Debe ser subjuntivo: *fuera*, no *era*.
   c.   En la primera frase, el verbo 'decir' significa "to request". En la segunda frase el verbo 'decir' significa "to say".

SAM 2   *Uso del imperfecto de subjuntivo para hablar del pasado* (Gramática 5-1)

Decide cuál es la opción correcta para completar cada una de estas frases relacionadas con asuntos medioambientales en Latinoamérica.

1. En el año 2010 Chile anunció que _____ más del doble de los glaciares que creía poseer, ya que había explorado áreas a las que antes había sido imposible acceder.

    a. tenga
    b. tenía
    c. tuviera

2. Aunque el desastre de la plataforma petrolera Deepwater Horizon en 2010 en el Golfo de México fue terrible, el experto dijo que no era cierto que _____ el peor de la historia.

    a. sea
    b. era
    c. fuera

3. En 2011 el gobierno de Perú prohibió que se _____ el multimillonario proyecto de Tía María, una explotación minera en el sur del país, por motivos medioambientales.

    a. iniciase
    b. inicie
    c. inició

4. Muchos expertos aseguran que en un futuro próximo el agua _____ el recurso natural más codiciado.

    a. sea
    b. fuera
    c. será

5. Un juzgado en Ecuador condenó al gigante petrolero estadounidense Chevron y le exigió que _____ una multa de US$8.000 millones por contaminar una zona de la región del Amazonas.

    a. pagaba
    b. pagara
    c. pague

6. Los cinco grupos indígenas que denunciaron a Texaco (Chevron) por la contaminación de sus tierras se alegraron mucho de que el juez _____ a Chevron culpable.

    a. declaró
    b. declaraba
    c. declarara

SAM 3   *Uso del imperfecto de subjuntivo para hablar del pasado* (Gramática 5-1)

Lee este texto sobre un documental referido a un desastre ecológico en Ecuador. Decide si los verbos que faltan deben estar en *imperfecto de indicativo* o *imperfecto de subjuntivo*.

Cuando el director de cine estadounidense Joe Berlinger vio a habitantes de la Amazonia ecuatoriana "comiendo atún enlatado porque el pescado de los ríos estaba demasiado contaminado", se dio cuenta de que (deber) [1] _____ hacer algo. Su documental, titulado *Crudo*, relata la guerra que rodea el proceso judicial en el que se acusa a la petrolera estadounidense Chevron de derramar 70.000 millones de litros de líquidos tóxicos y quemar millones de metros cúbicos de gases contaminantes.

Para Chevron, que adquirió Texaco en 2001, nunca fue demostrado que Texaco (ser) [2] _____ responsable de la contaminación y alega que, cuando el gobierno ecuatoriano exigió a Texaco que (limpiar) [3] _____ algunos de los sitios, Texaco lo hizo. Durante el juicio en Ecuador, un representante de Chevron sugirió que PetroEcuador, la compañía ecuatoriana que administra ahora la explotación, no (ser) [4] _____ inocente, y pidió que se (llevar) [5] _____ a juicio a la empresa estatal ecuatoriana.

En 2002 Texaco persuadió al juez estadounidense Jed Rakoff de que (transferir) [6] _____ el caso a tribunales de Ecuador, país que entonces tenía un gobierno conservador ansioso de capitales extranjeros. Sin embargo, más tarde el gobierno liberal del presidente Correa se alineó con los demandantes.

El congresista Jim McGovern, un representante del gobierno estadounidense que visitó Lago Agrio en 2010, dijo que "como legislador y como ciudadano estadounidense" (sentirse) [7] _____ avergonzado y aconsejó a Chevron que (resolver) [8] _____ el caso y que (pagar) [9] _____ la indemnización.

SAM 4   *Uso del imperfecto de subjuntivo para hablar del pasado* (Gramática 5-1)

Lee esta noticia sobre las especies en vías de extinción en Latinoamérica. Escribe los verbos en la forma correcta del *imperfecto de indicativo* o *imperfecto de subjuntivo*.

La Unión Mundial para la Naturaleza publicó su catálogo oficial el año pasado. Este catálogo incluía más de 12.000 especies en vías de extinción. En su informe anual, la UMN pidió a la comunidad internacional que (concienciarse) [1] _____ de este problema. Esta organización no gubernamental -que agrupa a numerosas ONG ambientalistas de todo el mundo- aseguró que los animales y las plantas nativos de las islas Seychelles y las Galápagos (estar) [2] _____ desapareciendo debido a la introducción de otras especies en esos hábitats. Su director, Achim Steiner, aconsejó a los gobiernos que (mostrar) [3] _____ voluntad política y (obtener) [4] _____ los recursos para frenar la pérdida de la biodiversidad.

El informe dijo que Ecuador (ser) [5] _____ una de las zonas más importantes para la conservación de la flora, ya que tenía 1.164 tipos de plantas en peligro de extinción. Achim Steiner dijo también que deseaba que los gobiernos de Colombia y Venezuela (hacer) [6] _____ lo posible por salvar al mono ateles, una especie que se encuentra tan solo en Colombia y Venezuela, y que está en riesgo extremo.

SAM 5 Uso del imperfecto de subjuntivo para hablar del pasado (Gramática 5-1)

Lee este texto sobre Charles Darwin y las Islas Galápagos de Ecuador. Después escribe los verbos en la forma correcta del imperfecto de indicativo o imperfecto de subjuntivo.

Charles Darwin marcó para siempre el destino de las Islas Galápagos al mencionarlas en su libro *El origen de las especies*. Desde el momento en el que regresó de su viaje por las islas, el archipiélago ecuatoriano captó para siempre la atención de miles de científicos. ¿Qué causó que Darwin (revolucionar) [1] _____ la manera de pensar de su tiempo desarrollando una teoría que iba en contra de las convicciones religiosas de la época?

De acuerdo a las anotaciones realizadas en su diario de viaje, las Galápagos en un principio no impresionaron a Darwin, pero lógicamente muchos de los animales que vio le causaron curiosidad. Le fascinó que (ser) [2] _____ de aspecto tan "desagradable" y que (comportarse) [3] _____ de forma "estúpida" -como en el caso de las iguanas marinas-.

[Continúa en la pág. siguiente...]

Observó que las tortugas gigantes, por ejemplo, (ser) [4] _____ de un

enorme tamaño. También le impresionaron los pájaros cucuves, ya que esta especie fue la que

le dio la clave sobre la estabilidad de las especies. A Darwin le pareció extraño que los cucuves

de la isla San Cristóbal (ser) [5] _____ similares a los que colectó en el

continente; sin embargo notó que en las otras islas la forma de los picos de estas aves (ser) [6]

_____ diferente. Así pudo identificar el origen de cada una de acuerdo a su

forma. Con su evidencia, Darwin hizo que la teoría de la evolución (convertirse) [7]

_____ en algo más que una teoría.

En 1959, al cumplirse cien años de la publicación de *El origen de las especies*, nació el interés

por la conservación de las islas, pero el peculiar universo de las Galápagos atrajo también a

los turistas, que se transformaron en el objeto de un lucrativo negocio. Al gobierno

ecuatoriano le interesaba que los turistas (visitar) [8] _____ las islas, ya

que generaba una entrada de divisas importante.

SAM 6   *Uso del imperfecto de subjuntivo: situaciones hipotéticas* (Gramática 5-2)

Lee esta noticia sobre la protección de la naturaleza en Ecuador. Luego decide si necesitas usar el
presente de subjuntivo o el *imperfecto de subjuntivo* para completar el texto conlos verbos en
paréntesis.

Ecuador es el segundo país con el mayor número de especies de mamíferos amenazadas en

el mundo, según el Libro Rojo de mamíferos ecuatorianos que se publicó recientemente en

Ecuador. Diego Titira, autor del Libro Rojo, desearía que (parar) [1] _____

la deforestación y piensa que es fundamental que se (prohibir) [2] _____

la cacería y el tráfico de animales. "Me gustaría mucho que Ecuador (continuar) [3]

_____ aumentando su número de áreas protegidas". También dijo que

sería necesario que el país (invertir) [4] _____ más en educación

ambiental y (alcanzar) [5] _____ una mayor estabilidad económica. "En

la Amazonía, muchas personas ven la naturaleza como un recurso económico. Entonces,

cuando necesita recursos, la gente piensa que la selva es su banco y corta un árbol, caza un

mono o mata un tapir". Mi primera recomendación es que se (reducir) [6]

_____ la deforestación".

ENFOQUE 2: DESARROLLO ECONÓMICO Y DESARROLLO HUMANO

PERSPECTIVA LINGÜÍSTICA: VOCABULARIO

SAM 1

En este fragmento sobre Ecuador y sus relaciones comerciales con Estados Unidos y la Unión Europea (UE) faltan seis palabras. Escríbelas en singular o en plural según sea necesario.

crecimiento	intercambio	socio	poder adquisitivo
retroceso	materia prima	competencia	acuerdo

Ecuador ha dicho "No" a los Tratados de Libre Comercio (TLC). Con la Unión Europea (UE) está negociando un " (1) _____ de Comercio para el Desarrollo" que considere las asimetrías económicas entre las partes. Con Estados Unidos no hay conversaciones en firme sobre ningún tratado comercial, aunque Ecuador importa gran cantidad de (2) _____ de Estados Unidos. La Unión Europea y Estados Unidos son los dos principales (3) _____ comerciales de Ecuador en el mundo.

Para el presidente del Comité Empresarial Ecuatoriano, una política gubernamental basada en la alta inversión pública, la dependencia del precio del petróleo y en tratados comerciales con "mercados marginales" puede paralizar el (4) _____ de la economía de Ecuador. "Si no hay ningún tipo de (5) _____ con Estados Unidos y la Unión Europea no podemos ser parte de un mercado de libre (6) _____".

SAM 2

Lee estos fragmentos en inglés sobre la economía y el desarrollo en América Latina. Escribe el equivalente en español de las palabras en negrita. No olvides los artículos.

1. According to the last UN Development Program's Human Development Reports Latin America is one of the most economically unequal region in the world, and national **income** _____ and wealth are in very few hands.

2. The Latin American and Caribbean region showed great resilience to the international financial crisis, and in 2010 Costa Rica was the second largest recipient of foreign **investment** _____ in Central America.

3. According to the experts, Chile has the highest **purchasing power** _____ per capita in Latin America.

4. President Obama believes in strengthening economic partnerships in Latin America. The White House estimates that over 300,000 American jobs are a direct result of **trade** _____ with Latin American countries.

5. The Bolivarian Alternative for the Americas (ALBA) is the first attempt at a regional integration based on a new vision of social welfare and social equity, and it is also an answer to **free market** _____.

6. There are many non-profit organizations that **promote** _____ sustainable development projects in Latin American countries.

SAM 3

Escribe la palabra que falta en el espacio en blanco.

	VERBOS	NOMBRES
1.	exportar	la
2.	importar	la
3.	retroceder	el
4.	invertir	la
5.	caer	la
6.	gastar	el

PERSPECTIVA LINGÜÍSTICA: GRAMÁTICA

SAM 1   *Uso del imperfecto de subjuntivo para hablar del pasado* (Gramática 5-1)

Lee este texto sobre una antigua propuesta para un acuerdo de libre comercio de todos los países de América. Completa el texto escribiendo los verbos en *imperfecto de indicativo* o *imperfecto de subjuntivo*.

El Acuerdo de Libre Comercio para las Américas (ALCA)

En 2005 tuvo lugar la IV Cumbre de las Américas en Mar del Plata, Argentina, que culminó sin acuerdo sobre libre comercio. Según los defensores del acuerdo, fue lamentable que los representantes de los 34 países asistentes no (ser) [1] _____ capaces de resolver sus diferencias sobre la propuesta - fuertemente promovida por el entonces presidente de EE.UU., George W. Bush- que planteaba la creación de un área de libre comercio en el continente americano. La propuesta fue rechazada por Venezuela, Argentina, Brasil y Uruguay. Varios países se opusieron a que se (crear) [2] _____ un área de libre comercio en los términos propuestos por Estados Unidos.

Mientras los defensores del ALCA aseguraban que con este acuerdo (poder) [3] _____ abrirse nuevos mercados, los detractores de la propuesta pusieron en duda que el ALCA (poder) [4] _____ promover el desarrollo económico o ayudar a disminuir la pobreza. El entonces presidente mexicano, Vicente Fox, propuso que los países que apoyaban un área de libre comercio para el hemisferio (seguir) [5] _____ adelante con la idea. Sin embargo, aquellos que se opusieron dejaron claro que no (desear) [6] _____ que en la declaración final de la Cumbre de las Américas se (incluir) [7] _____ una fecha específica para reiniciar las negociaciones de libre comercio. A partir de la cumbre de 2005 el ALCA entró en crisis, al punto que muchos ya lo consideran un proyecto muerto.

SAM 2   *Uso del imperfecto de subjuntivo: situaciones hipotéticas* (Gramática 5-2)

Lee este texto sobre la economía de Chile. Escribe los verbos en *indicativo* o *subjuntivo* y en el tiempo correcto (*presente* o *pasado*).

Chile es una de las economías "modelo" de América Latina por sus buenos resultados macroeconómicos y el gobierno de Sebastián Piñera dice que logrará convertirse en la primera nación latinoamericana en erradicar la pobreza. Sin embargo algunos grupos políticos desearían que la concentración de la riqueza no (estar) [1] _____ en manos de unos pocos, sino que se (distribuir) [2] _____ entre la mayoría de la población.

Andrés Torres, investigador del Instituto de Políticas Públicas de la Universidad Diego Portales, dice que preferiría que el país (tener) [3] _____ un modelo económico diferente y que se (reducir) [4] _____ la brecha entre ricos y pobres. "Si comparas a Chile con Uruguay por ingreso per cápita, Uruguay es más pobre. Pero la mayoría de los uruguayos vive mejor que los chilenos. Yo diría que (nosotros, tener) [5] _____ una sociedad que en promedio le va bien, pero con un grupo grande de gente muy lejos de alcanzar niveles aceptables de ingresos", señaló Torres.

SAM 3   *Construcciones adjetivas o relativas* (Gramática 5-3)

Lee estas frases sobre desarrollo sostenible en Latinoamérica. Elige la(s) respuesta(s) correcta(s) para cada frase. ¡Atención!: puede haber más de una.

1. Una de las principales razones _____ los investigadores creen que el cambio climático es un grave problema es que la explotación minera continúa en aumento.

   a. por cuales
   b. por quienes
   c. por las que
   d. por las cuales

2. La preocupación por el desarrollo sostenible está aumentando en casi todos los países latinoamericanos, _____ puede ser muy beneficioso para toda la sociedad.

   a. cual
   b. que
   c. lo que
   d. lo cual

3. Ecuador tiene ecosistemas únicos como la selva amazónica o el archipiélago de las Galápagos, _____ deben ser preservados a toda costa.

    a. quien
    b. cuales
    c. los cuales
    d. los quien

4. Costa Rica quiere poner en marcha un plan _____ pueda preservar Monteverde, una de las más importantes reservas naturales del mundo.

    a. con quien
    b. con lo que
    c. con el que
    d. con cual

5. En México se aprobó una ley _____ autorizaba la siembra experimental de maíz transgénico.

    a. la que
    b. quien
    c. que
    d. lo que

6. En Chile, las tecnologías desarrolladas en los últimos años han permitido que se exploren áreas glaciares _____ hasta ahora era imposible acceder.

    a. a las cuales
    b. a quienes
    c. a que
    d. a las que

SAM 4   *Construcciones adjetivas o relativas* (Gramática 5-3)

Lee estas frases sobre el comercio en América. Elige la(s) respuesta(s) correcta(s) para completar cada frase. ¡Atención!: puede haber más de una.

1. Los primeros países en declararse miembros del grupo ALBA fueron Venezuela y Cuba, _____ firmaron el acuerdo en 2004.

    a. los cuales
    b. cuales
    c. los que
    d. quien

2. Hay que tener un plan _____ se pueda promover el comercio justo.

    a. que
    b. con lo que
    c. con el que
    d. con cual

3. El secretario de la ONU se reunió con los líderes, _____ almorzó durante dos horas.

    a. con los que
    b. con los cuales
    c. con quienes
    d. quienes

4. Los países del grupo ALBA quieren una integración _____ sea más que un acuerdo comercial.

    a. la cual
    b. cual
    c. que
    d. la que

5. Ecuador firmó un documento en el año 2009 _____ se unió al grupo ALBA.

    a. por lo cual
    b. por el que
    c. por lo que
    d. por el cual

6. EE.UU. y Canadá se han convertido en los principales socios comerciales de México, _____ ha desarrollado la "complementariedad" de las economías.

    a. lo que
    b. los que
    c. que
    d. el que

SAM 5   *Uso del imperfecto de subjuntivo en frases relativas* (Gramática 5-4)

Lee estas frases relacionadas con el comercio en América Latina y complétalas con los verbos que faltan en el tiempo (*presente* o *pasado*) y modo (*indicativo* o *subjuntivo*) correctos.

1. Este grupo de países quiere crear un grupo comercial en el que (tener) _____

    prioridad la justicia social.

2. Mercosur es una zona comercial en la que (participar) _____ Brasil, Argentina, Paraguay y Uruguay.

3. Los Estados Unidos preferirían un tratado comercial en el que (participar) _____ todos los países del hemisferio.

4. Sería ideal un tipo de tratado que (poner) _____ el comercio justo como objetivo principal.

5. El grupo de países que pertenece a la ALBA desea tener una moneda única que les (permitir) _____ hacer todas sus transacciones comerciales.

6. Los expertos dijeron que serían afectados por la crisis los países que (tener) _____ excesiva dependencia económica de los EE.UU.

SAM 6 *Uso del imperfecto de subjuntivo en frases relativas* (Gramática 5-4)

Lee este texto sobre cómo la crisis económica afecta a la pobreza en América Latina. Decide si los verbos de las frases relativas deben estar en *imperfecto de indicativo* o *imperfecto de subjuntivo*.

> Un informe de 2009 de la CEPAL (Comisión Económica para América Latina y el Caribe) dijo que América Latina era una región en la que (haber) [1] _____ altos niveles de pobreza crónica y desigualdad, y donde 57 millones de personas (vivir) [2] _____ con menos de $1,25 al día. El informe advirtió que los más afectados por la crisis económica global serían los países en los que (disminuir) [3] _____ las remesas o aquellos que (tener) [4] _____ una conexión más directa con el mercado de EE.UU. Además, anticipó que sufrirían más los países cuyas estructuras de exportaciones (ser) [5] _____ menos diversificadas.
>
> Otro informe anticipaba que, aunque el número de pobres estaba bajando, había todavía 180 millones de personas pobres, de las cuales 72 millones (ser) [6] _____ indigentes. CEPAL anticipa una vuelta a los índices del período 2002-2008, años durante los que 41 millones de latinoamericanos (salir) [7] _____ de la pobreza. La última parte del informe se refirió a la educación como clave para romper la transmisión generacional de la desigualdad. El informe indicó que la pobreza había disminuido en países que (promover) [8] _____ la educación como Perú, Venezuela, o Brasil.

ENFOQUE 3: CIENCIA, TECNOLOGÍA E INVESTIGACIÓN

PERSPECTIVA LINGÜÍSTICA: VOCABULARIO

SAM 1

En este fragmento sobre un plan educativo del gobierno de Uruguay faltan algunas palabras. Escribe los nombres en singular o en plural según sea necesario. Si son verbos, escríbelos en la forma y tiempo adecuados.

bajar	fracasar	búsqueda	computadora	financiar
archivo	préstamo	buscador	ordenador	red

Uruguay es el primer país del mundo en lograr que todos los chicos tengan acceso a la (1) _____ . En la escuela 95 de La Boyada, en el aula de 6° grado está Alister Gaitur, que muestra con entusiasmo cómo él (2) _____ fotos del cuadro *Guernica* para conocerlo más en la clase sobre Picasso. En la misma escuela, en una clase de 5° grado, grupos de alumnos frente a sus computadoras usan un (3) _____ de internet para encontrar información sobre el general San Martín, porque están investigando sobre la independencia en los países de América latina. Cada chico es propietario de la *laptop*, así que hay muchas familias que por primera vez tienen un (4) _____ en su hogar. El gobierno uruguayo (5) _____ este programa en su totalidad. Las computadoras pesan 2,5 kilos, funcionan con la plataforma Linux, tienen programas y (6) _____ específicos para la clase y un filtro de navegación.

SAM 2

Lee estos fragmentos en inglés relacionados con la tecnología y el desarrollo de América Latina. Escribe el equivalente en español de las palabras en negrita. Escribe el artículo si es un nombre.

1. According to a new study, this is the Profile of the young Latin American **entrepreneur** _____: they are creative, well educated and eager to stand out. They belong to the middle class, have university degrees and typically start their first company at around age 30.

2. Argentina has obtained international **funding** _____ with a $750 million line of credit to support science and technological innovation in the nation's strategic economic sectors.

3. With more than 200 million Internet **users** _____ and 34% Internet penetration, Latin America is poised to bring the biggest growth in social media usage in the world.

4. Quepasa.com, the Spanish Version of Facebook, and a popular online social **network** _____ for the Latino community, saw a 255% increase in membership in 2010 to more than 27.2 million registered users.

5. Mexican billionaire Carlos Slim is Latin America's richest **businessman** _____ and he is also in the short list of world's richest person.

6. Peruvian **scientists** _____ supported the current President, Ollanta Humala, in the last presidential election because his campaign had more emphasis on science and technology.

SAM 3

Escribe la palabra que falta (nombre o verbo) en el espacio en blanco.

	VERBOS	NOMBRES
1.	fracasar	el
2.		la investigación
3.	innovar	la
4.		el préstamo
5.	avanzar	el
6.	buscar	la

PERSPECTIVA LINGÜÍSTICA: GRAMÁTICA

SAM 1 *Uso del imperfecto de subjuntivo para hablar del pasado* (Gramática 5-1)

Lee este texto sobre un programa de Ecuador para atraer científicos. Después decide si necesitas usar *imperfecto de indicativo* o *imperfecto de subjuntivo* para completar las frases.

En 2010 el gobierno ecuatoriano puso en marcha una iniciativa que buscaba que científicos extranjeros e investigadores ecuatorianos residentes en el exterior (regresar) [1] _____ al país para desarrollar proyectos de investigación. El programa *Prometeo Viejos Sabios* permitía que científicos con títulos de doctorado (hacer) [2] _____ estancias de hasta 12 meses en Ecuador para promover la investigación científica en universidades del país. El secretario de Ciencia y Tecnología reconoció que la innovación científica en Ecuador (ser) [3] _____ limitada y dijo que muchas universidades en el país no (tener) [4] _____ la infraestructura necesaria para el desarrollo de proyectos de investigación. No obstante, dijo que al gobierno le interesaba mucho que se (desarrollar) [5] _____ áreas como la energía renovable, la biotecnología, la salud o la minería.

Federico Almeida, uno de los científicos ecuatorianos que regresó a Ecuador, dijo que regresar de Estados Unidos a Latinoamérica para hacer investigación no (ser) [6] _____ fácil. Almeida dijo que, antes de regresar a Ecuador, exigió que su universidad (establecer) [7] _____ condiciones para garantizar su desenvolvimiento académico y laboral.

SAM 2 *Uso del imperfecto de subjuntivo: situaciones hipotéticas* (Gramática 5-2)

Elige la respuesta correcta para completar estas frases referidas al desarrollo y la ciencia en Latinoamérica.

1. Me gustaría mucho _____ más oportunidades para la investigación en las universidades latinoamericanas.

   a. que haya
   b. que hubiera
   c. haber

2. El gobierno chileno decidió que sería beneficioso para el país _____ un fondo de 6.000 millones de dólares para que los jóvenes hagan doctorados.

    a. crear
    a. que creara
    c. que creen

3. Es recomendable que todos los países del continente _____ la educación de los estudiantes de la escuela secundaria en los campos de la ciencia y la tecnología.

    a. mejoren
    b. mejoraran
    c. mejoran

4. A los jóvenes les gustaría _____ más oportunidades para crear negocios y empresas innovadoras.

    a. que tengan
    b. que tuvieran
    c. tener

5. Sería triste que los objetivos del Milenio no se _____ en todo el mundo.

    a. cumplan
    b. cumplen
    c. cumplieran

6. La comunidad científica celebraría que _____ una cura para el cáncer.

    a. se descubra
    b. se descubriera
    c. descubran

SAM 3   *Uso del imperfecto de subjuntivo: pasado o hipótesis* (Gramática 5-1 y 5-2)

Lee este texto sobre Luis von Ahn, un científico guatemalteco que vive y trabaja en Estados Unidos. Decide si necesitas usar *imperfecto de indicativo* o *imperfecto de subjuntivo* para completar las frases.

Luis von Ahn nació en Guatemala en 1979, pero vive en Pittsburgh, Estados Unidos, donde enseña ciencias de la computación en la Universidad de Carnegie Mellon. Recientemente la revista *Foreign Policy* lo ubicó a la cabeza de su lista de los diez nuevos rostros (*faces*) del pensamiento iberoamericano. Entre otras cosas trabaja para Google, que lo contrató porque quería que Luis (integrar) [1] _____ una de sus creaciones, reCAPTCHA, en sus propias plataformas.

Luis no considera en este momento regresar a Guatemala, porque querría que (haber) [2] _____ más seguridad en el país y le gustaría que el país le (ofrecer) [3] _____ las mismas condiciones de trabajo que le ofrece EE.UU., pero esto es ahora mismo inimaginable. Luis dice: "Mi sueño sería que yo (poder) [4] _____ llevarme allá gente con la que trabajo en Estados Unidos, que ya son de Guatemala o Latinoamérica, y que (nosotros, conseguir) [5] _____ financiación en EE.UU. para investigar desde el sur, pero eso no sucederá por al menos 10 o 20 años". Luis recuerda que cuando tenía ocho años pidió a su madre que le (regalar) [6] _____ una consola de videojuegos, pero su madre le regaló un ordenador y entonces se dedicó a aprender computación para poder jugar.

SAM 4   *Construcciones adjetivas o relativas* (Gramática 5-3)

Elige la respuesta correcta para completar estas frases referidas a la ciencia y la tecnología en Latinoamérica.

1. El argentino Rodrigo Tejeiro fundó una red social _____ ya tiene más de 30 millones de usuarios.

   a. la que
   b. que
   c. quien

2. México es el país _____ se encuentra el telescopio milimétrico más potente y más grande del mundo.

   a. en cual
   b. en el que
   c. que

3. Estados Unidos ha mantenido su liderazgo mundial gracias al flujo permanente de ingenieros y científicos extranjeros, _____ han sido un factor clave.

    a. quienes
    b. los que
    c. cuales

4. En algunos países hay un gran porcentaje de población _____ el acceso a Internet es difícil.

    a. que
    b. para la cual
    c. para que

5. Wolfram Alpha es un motor computacional _____ se pueden representar y realizar cálculos complejos en varias ramas científicas, tecnológicas y del saber humano en general.

    a. con el que
    b. con que
    c. con cual

6. El colombiano Manuel Patarroyo ha desarrollado una vacuna sintética contra la malaria, pero no quiere vender la patente porque perjudicaría a las personas _____ está dirigida esta vacuna.

    a. a las cuales
    b. a que
    c. a quien

SAM 5   *Construcciones adjetivas o relativas* (Gramática 5-3)

Lee el texto sobre el uso de la lengua española en la difusión de la ciencia y la investigación. Escribe *los pronombres relativos* para completar las frases. ¡Atención!: algunos necesitan una *preposición*.

La proyección internacional (1) _____ disfrutan la literatura, la música, la arquitectura o la pintura latinoamericanas no se manifiesta de igual modo en el ámbito de la ciencia. Esto se debe a que (*is due to*) los avances actuales en el campo de la investigación científica y técnica tienen como lengua vehicular el inglés, (2) _____ es el idioma de trabajo más utilizado y extendido entre la comunidad científica. Esta situación parece lógica, ya que el grado de penetración de una lengua como herramienta (*tool*) de difusión de los resultados de las investigaciones está ligado (*linked*) al prestigio de la cultura científica (3) _____ esa lengua es portadora (*carrier*).

[Continúa en la pág. siguiente...]

Aunque en los últimos años la ciencia en Latinoamérica ha logrado superar algunos de los más desfavorables indicadores de desarrollo, aún se encuentra muy lejos de los primeros puestos en la jerarquía científica internacional. Este hecho determina la posición de la lengua española como idioma de transmisión de los conocimientos científicos. A pesar de que la ciencia ha adoptado el inglés como su lengua franca, hay algunas disciplinas _____ no se aconseja el uso exclusivo de este idioma, debido a su naturaleza temática. Por ejemplo, para las disciplinas _____ la lengua es el propio objeto de estudio ˙como los estudios sobre el hispanismo, o sobre América Latina˙ el español debe ser la lengua _____ se difunda la investigación.

SAM 6 *Uso del imperfecto de subjuntivo en frases relativas* (Gramática 5-4)

Lee este texto sobre el inventor del bolígrafo. Después, decide si los verbos de las frases relativas deben estar en *imperfecto de indicativo* o *imperfecto de subjuntivo*.

El bolígrafo es uno de los inventos más populares del mundo. Su creador fue Lazlo Biró, un periodista argentino. Como todo periodista de la época, Biró tomaba apuntes con una pluma a tinta, y le enojaba que las notas se mancharan porque la tinta no se secaba de inmediato. Biró quería una tinta que (secarse) [1] _____ rápido, dejando al papel libre de manchas. Trató de usar tinta de imprenta con su pluma, pero no funcionó. Entonces pidió a su hermano Georg, un ingeniero, que diseñara una nueva punta con la cual el lápiz (girar) [2] _____ libremente, una punta que (recoger) [3] _____ la tinta almacenada en el lápiz y que (permitir) [4] _____ transferir la tinta al papel. Su hermano diseñó una punta en forma de bolita o esfera con la que Biró finalmente (poder) [5] _____ usar la tinta. Biró patentó el invento en París e Inglaterra en 1938. Posteriormente la patente fue adquirida por el francés Marcel Bich, quien (convertir) [6] _____ a estos lápices en el principal producto de su empresa: Bic. El diseño fue licenciado para ser fabricado en Estados Unidos por la empresa Eversharp en 1950.

Student Activities Manual (SAM)
UNIDAD 6
Hispanos en Estados Unidos

Puntos de Encuentro

ENFOQUE 1: LOS HISPANOS/LATINOS EN ESTADOS UNIDOS

PERSPECTIVA LINGÜÍSTICA: VOCABULARIO

SAM 1

En este fragmento sobre la Secretaria de Trabajo de Estados Unidos, Hilda Solís, faltan seis palabras. Escribe los nombres en singular o en plural según sea necesario. Si son verbos, escríbelos en la forma y tiempo adecuados.

ciudadanía	promedio	herencia	superar
raíces	criarse	pertenencia	nacer

Hace más de 60 años, cuando Raúl Solís cruzó la frontera de México hacia Arizona, jamás se imaginó que una de sus hijas sería Secretaria de Trabajo de Estados Unidos. Hilda Solís fue la primera secretaria de Trabajo de (1) _____ latina. Solís (2) _____ en Los Ángeles, California y es hija de dos inmigrantes que se conocieron en una clase de (3) _____ : Juana Sequeira (Nicaragua) y Raúl Solís (México). Hilda (4) _____ en un hogar humilde, donde tuvo que ayudar a cuidar de sus hermanos pequeños, ya que era la tercera de siete hermanos. Solís tuvo que (6) _____ grandes obstáculos y fue la primera persona de su familia que asistió a la universidad. Hilda recuerda cómo cada verano su padre llevaba a toda su familia a un viaje por carretera para visitar a sus familiares en México y conectar con sus (7) _____. "Ser latina es una fuente de orgullo para mí. Es una parte importante de lo que soy", ha dicho Solís.

SAM 2

Lee estos datos sobre los hispanos en los Estados Unidos. Escribe el equivalente en español de las palabras en negrita con su artículo correspondiente (*el, la, los, las*).

1. According to a study released by the Pew Hispanic Center, Latino immigrants' **income** _____ is rising, as they have steadily moved out of jobs paying the lowest wages and into middle-income employment.

2. The state of Texas's explosive growth during the past decade was fueled by a boom in its
   minorities _____ population, especially Hispanics, who accounted for 65 percent
   of the state's growth over the last 10 years.

3. In 2011, the unemployment **rate** _____ for Hispanics still remained skyhigh at
   11.3 percent, 2.2 percent higher than the general population.

4. According to the U.S. Census Bureau, the Hispanic **population** _____ has
   surpassed 50 million, and accounts for about 1 out of 6 Americans.

5. According to the U.S. Census Bureau, **Hispanics** _____ continue to gain political
   clout in the U.S. and, by 2050, could make up a third of the U.S. population.

6. By 2050, the United States will be home to the most Spanish speakers in the world. However,
   there are many **English-speaking** _____ Latinos born and raised in the U.S.
   who are not fluent in Spanish, or don't speak Spanish at all.

7. Puerto Ricans enjoy a different status from other Hispanics in that they are citizens of the United
   States, whether they are born in their **homeland** _____ or in the U.S.

SAM 3

Escribe la palabra que falta (nombre o verbo) en el espacio en blanco.

	NOMBRES	VERBOS
1.	el	descender de
2.	el nacimiento	
3.	la pertenencia	
4.	el recluta	
5.	la	heredar
6.	el abogado	

PERSPECTIVA LINGÜÍSTICA: GRAMÁTICA

SAM 1 *El estilo indirecto: repetir las palabras de otros* (Gramática 6-1)

Un programa de televisión da información –de forma directa– sobre la población hispana en Estados Unidos. En las frases en estilo indirecto que refieren esta información, ¿qué verbo debes usar?

1. *TV: "En Estados Unidos, en unos 40 años las minorías dejarán de ser minorías"*
    El locutor **dice** que en 15 años las minorías _____ de serlo.

    a. dejarían
    b. iban a dejar
    c. dejarán

2. *TV: "En Estados Unidos, en unos 40 años las minorías dejarán de ser minorías"*
    El locutor **dijo** que en 15 años las minorías _____ de serlo.

    a. dejarían
    b. van a dejar
    dejaron

3. *TV: "Solamente el 5% de las páginas de Internet está en español"*
    El locutor **ha dicho** que el 5% de las páginas de Internet _____ en español.

    a. estaba
    b. está
    c. ha estado

4. *TV: "Hilda Solís se convirtió en agosto de 2009 en la nueva Secretaria de Trabajo del gobierno de Barack Obama"*
    El locutor **dijo** que Hilda Solís _____ en agosto de 2009 en la nueva Secretaria de Trabajo.

    a. se había convertido
    b. se convirtió
    c. se convertiría

5. *TV: "Hilda Solís se convirtió en agosto de 2009 en la nueva Secretaria de Trabajo del gobierno de Barack Obama"*
    El locutor **ha dicho** que Hilda Solís _____ en agosto de 2009 en la nueva Secretaria de Trabajo.

    a. se convierte
    b. se convirtió
    c. se convertiría

6.   TV: *"En el año 2050 habrá 100 millones de hispanos en EE.UU."*

      El locutor **dijo** que en el año 2050 _____ 100 millones de hispanos en EE.UU.

      a. habría
      b. habrá
      c. hay

7.   TV: *"Una de cada dos personas que vinieron a vivir a Estados Unidos entre julio de 2006 y julio de 2007 es de origen hispano"*

      El locutor **dijo** que una de cada dos personas que _____ a vivir a Estados Unidos entre julio de 2006 y julio de 2007 _____ de origen hispano.

      a. habían venido - era
      b. habían venido - había sido
      c. vinieron - fue

8.   TV: *"No es cierto que solamente el 5% de las páginas de internet esté en español"*

      El locutor **dijo** que no _____ cierto que solamente el 5% de las páginas de internet _____ en español.

      a. es – estuviera
      b. era – estaba
      c. era – estuviera

9.   TV: *"Para más información sobre la población latina, consulten nuestra página de internet"*

      El locutor **ha dicho** que _____ su página de Internet para más información.

      a. consultamos
      b. consultemos
      c. consultaríamos

10.   TV: *"Para más información sobre la población latina, consulten nuestra página de internet"*

      El locutor **dijo** que _____ su página de Internet para más información.

      a. consultaríamos
      b. consultamos
      c. consultáramos

SAM 2   *El estilo indirecto: repetir las palabras de otros* (Gramática 6-1)

Lee este fragmento de una entrevista con el escritor Óscar Hijuelos. Luego completa el texto donde se refiere la misma información en estilo indirecto.

A los 60 años y luego de haber escrito ocho novelas, incluida *Los reyes del mambo tocan canciones de amor*, ganadora del premio Pulitzer de literatura en 1990, el escritor neoyorquino de padres cubanos Oscar Hijuelos **ha publicado** sus memorias: *Thoughts Without Cigarettes: A Memoir*, libro que **ha sido** bien recibido por la crítica. El libro contiene un desgarrador relato de cómo Hijuelos, de muy pequeño, **perdió** su idioma —el español— y por tanto su identidad.

- P: ¿Cómo le afectó a su vida, y a su sentido de identidad, el perder el español a los 5 años?

- R: Siempre **he entendido** el español, pero hablarlo **me cuesta** mucho. Yo **crecí** en un vacío cultural, sin guía.

- P: ¿Le molesta que lo describan como autor latino? A veces parece dar a entender eso en el libro.

- R: No **me molesta**, pero sí **me parece** mal que los escritores latinos **sean** marginados del mundo literario estadounidense. De niño no había autores latinos locales que yo pudiera emular y admirar. Y todavía, actualmente, uno apenas ve autores latinos cuando se habla de literatura en este país.

El texto dijo que Óscar Hijuelos (1) _____ sus memorias y que este libro (2) _____ bien recibido por la crítica. También dijo que el libro relataba cómo Hijuelos, cuando era pequeño, (3) _____ el idioma español.

Hijuelos dijo que siempre (4) _____ el español pero hablarlo le (5) _____ mucho. Dijo también que (6) _____ en un vacío cultural. Después dijo que no le (7) _____ ser llamado 'autor latino', pero que le (8) _____ mal que los escritores latinos (9) _____ marginados del mundo literario estadounidense.

SAM 3   *El estilo indirecto: repetir las palabras de otros* (Gramática 6-1)

Lee estos fragmentos que dan información sobre los hispanos en Estados Unidos. Después completa las frases en estilo indirecto con el *tiempo* y *modo (indicativo o subjuntivo)* correctos.

1. En el puesto 13 del club de las 400 personas más ricas de EE.UU. está el latino Jeff Bezos, fundador y presidente de Amazon, cuya fortuna de $19.100 millones equivale al Producto Interior Bruto de Uruguay.

   El multimillonario Jeff Bezos **ha negado** recientemente que su fortuna _____ al PIB de Uruguay.

2. Según el Pew Hispanic Center, más de la mitad (52%) de los latinos nacidos en EE.UU. entre 16 y 25 años de edad se identifica, primero, con el país de origen de sus familias y en segundo lugar como estadounidense.

El estudio **indicó** que más de la mitad de los jóvenes latinos _____ primero con el país de origen de sus padres.

3. Un 40% de los hispanos de Estados Unidos es inmigrante, mientras que el 60% restante ha nacido en Estados Unidos pero es hijo o nieto de inmigrantes.

El estudio **dijo** que el 60% de los hispanos de Estados Unidos _____ en Estados Unidos.

4. Según previsiones del censo estadounidense, en el año 2050 los hispanos pasarán a ser la cuarta parte de la población total del país.

El estudio **mostró** que en el año 2050 los hispanos _____ a ser la cuarta parte de la población total del país.

5. Muchos angloparlantes en el área de Miami consideran injusto que el bilingüismo sea un requisito para poder trabajar.

El alcalde de Miami **negó** que el bilingüismo _____ un requisito para poder trabajar.

6. La republicana Susana Martínez, primera mujer latina en conseguir una gobernación en Estados Unidos (Nuevo México, 2011) no piensa (*plans to*) dar atención diferencial a los hispanos.

La republicana Susana Martínez **dijo** que no _____ dar atención diferencial a los hispanos.

SAM 4   *Preguntas indirectas* (Gramática 6-2)

Lee estas preguntas que le hizo un periodista al mexicano Carlos Slim, considerado por muchos el hombre más rico del mundo. ¿Qué le preguntaron? Completa las frases en estilo indirecto con las *palabras interrogativas* correctas.

quién	por qué	cuándo	si
cuál	qué	cómo	dónde

1. Le preguntaron _____ le gustaba la música.

2. Le preguntaron _____ era su grupo favorito de rock.

3. Le preguntaron _____ era su escritor favorito.

4. Le preguntaron _____ tenía tiempo para ver la televisión.

5. Le preguntaron _____ era la vida cotidiana de un hombre como él.

6. Le preguntaron _____ alguna vez había subido al metro del DF.

7. Le preguntaron _____ hacía en un día normal.

8. Le preguntaron _____ México no tenía paz y estabilidad, como antes.

SAM 5   *Preguntas indirectas* (Gramática 6-2)

Lee las siete preguntas que le hicieron a la gobernadora de Nuevo México en una entrevista. Después elige la respuesta correcta para completar cada frase en estilo indirecto.

1.   Pregunta: *"Se habla de crisis en la educación de los niños latinos. ¿Usted qué piensa?"*

   El entrevistador le preguntó _____ sobre la crisis en la educación de los niños latinos.

   a. qué piensa
   b. qué pensaba
   c. si pensaba

2.   Pregunta: *"¿Cree que hace falta (is needed) un tratamiento especial para los hispanos, por ejemplo por la cuestión del idioma?"*

   El entrevistador le preguntó _____ falta un tratamiento especial para los hispanos.

   a. qué hacía
   b. si hacía
   c. que hacía

3.   Pregunta: *"¿Por qué se muestra usted tan dura con los hispanos en Nuevo México?"*

   El entrevistador le preguntó _____ tan dura con los hispanos en Nuevo México.

   a. si se mostraba
   b. porque se mostraba
   c. por qué se mostraba

4.   Pregunta: *"¿Está usted en contra de la Ley para la Educación Hispana que creó el gobernador anterior?"*

El entrevistador le preguntó _____ en contra de la Ley para la Educación Hispana.

a. qué estaba
(b.) si estaba
c. si estuvo

5.   Pregunta: *"¿Eliminará usted muchas de las políticas de su predecesor, Bill Richardson?"*

El entrevistador le preguntó _____ muchas de las políticas de su predecesor, Bill Richardson.

(a.) si eliminaría
b. si eliminaba
c. qué eliminaría

6.   Pregunta: *¿Usted cree que tiene una responsabilidad, dentro del partido republicano, de representar a los grupos hispanos?*

El entrevistador le preguntó _____ una responsabilidad de representar a los hispanos dentro de su partido.

a. si creía que tuvo
b. qué creía si tenía
(c.) si creía que tenía

SAM 6   *Preguntas indirectas* (Gramática 6-2)

Lee estas preguntas de una entrevista con el peruano Benny Díaz, director de la Liga de Ciudadanos Latinoamericanos Unidos (LULAC). Después completa las frases en estilo indirecto con el verbo necesario y en el tiempo correcto.

1. *"¿Cúal es la razón por la que LULAC celebran cada año una convención?"*

   · La periodista le **preguntó** por qué LULAC _____ cada año una convención.

   · La periodista le ha **preguntado** por qué LULAC _____ cada año una convención.

2. *"¿Cómo y cuándo comenzó su relación con LULAC?"*

   · La periodista le **preguntó** cuándo y cómo _____ su relación con LULAC.

   · La periodista le **ha preguntado** cuándo y cómo _____ su relación con LULAC.

3. *"¿Quiénes forman parte de LULAC?"*

- La periodista le **preguntó** quiénes _____ parte de LULAC.
- La periodista le **ha preguntado** quiénes _____ parte de LULAC.

4. *"¿Cuáles son sus metas al frente de LULAC en California para los próximos doce meses?"*

- La periodista le **preguntó** _____ sus metas.
- La periodista le **ha preguntado** cuáles _____ sus metas.

5. *"¿Está usted de acuerdo con los que critican a LULAC y dicen que no ha crecido como otras organizaciones?"*

- La periodista le **preguntó** si _____ de acuerdo con las críticas sobre LULAC.
- La periodista le **ha preguntado** si _____ de acuerdo con las críticas sobre LULAC.

ENFOQUE 2: LA INMIGRACIÓN A ESTADOS UNIDOS

PERSPECTIVA LINGÜÍSTICA: VOCABULARIO

SAM 1

En este fragmento sobre la inmigración en Estados Unidos faltan ocho palabras. Escribe las palabras que faltan. Escribe los nombres y adjetivos con el género (masculino o femenino) y número (singular o plural) correctos. Si son verbos, escríbelos en la forma y tiempo adecuados.

muro	frenar	provenir	quedarse	fronterizo
disminución	cobertura	ingresar	indocumentado	visado

La inmigración sigue siendo un asunto inconcluso entre los Estados Unidos y México. Unos ocho millones de personas (1) _____ viven hoy en día en Estados Unidos, y la cifra crece aproximadamente unos **250.000** por año a medida que más inmigrantes (2) _____ de forma ilegal al país, o exceden el tiempo de permanencia autorizado por sus (3) _____ y finalmente, como tienen trabajo, deciden (4) _____ de forma ilegal. Más de la mitad de estos inmigrantes, tanto los nuevos como los ya establecidos, (5) _____ de México.

De 1986 a hoy, la cantidad de dinero de los contribuyentes (tax payers) asignada al control (6) _____ ha crecido dramáticamente y, sin embargo, los esfuerzos para (7) _____ la inmigración ilegal han fracasado. La realidad es que no ha habido una (8) _____ de la demanda de mano de obra poco cualificada, sino por el contario, un aumento. El resultado de todo esto es un ferrocarril subterráneo caracterizado por contrabando, documentos fraudulentos, muertes en la frontera, salarios artificialmente bajos y amenazas a las libertades civiles.

SAM 2

Lee estas noticias en inglés sobre el tema la inmigración en Estados Unidos. Escribe el equivalente en español de las palabras en negrita. Escribe el artículo correspondiente (*el, la, los, las*) en el caso de los nombres.

1. According to the Pew Hispanic Center, some 44% of all immigrants and 29% of Latino immigrants are **naturalized** _____ citizens.

2. The U.S. government has launched a campaign in an effort to reach 8 million immigrants who are eligible to apply for citizenship, in order to encourage them to apply for citizenship and at the same time become **integrated** _____ in the American society.

3. State legislatures have introduced a record number of immigration **bills** _____ , more than 600, the vast majority of which sought to limit the rights of immigrants.

4. One way to approach illegal immigration in the U.S. is to increase control and law enforcement, including a **wall** _____ along the Mexican border and increased border patrols.

5. Aspirations for **higher education** _____ are very strong among Hispanics in the U.S., and eighty-seven percent say a college education is extremely or very important.

6. According to data from the last U. S. census, only 14% of Latinos have a **college degree** _____ , the lowest level amongst all minorities.

SAM 3

Escribe la palabra que falta (nombre o verbo) en el espacio en blanco.

	NOMBRE	VERBOS
1.	la residencia	
2.	el	ingresar
3.	la	nacionalizarse
4.	la renovación	
5.	la disminución	
6.	el peligro	

PERSPECTIVA LINGÜÍSTICA: GRAMÁTICA

SAM 1 *El estilo indirecto: repetir las palabras de otros* (Gramática 6-1)

Lee esta noticia de un periódico sobre una ley antiinmigración aprobada en Alabama en 2011. Luego completa el texto en estilo indirecto escribiendo los verbos en el tiempo y forma correctos.

TEXTO ORIGINAL

El estado de Alabama **aprobó** en mayo de 2011 un conjunto de leyes más estrictas contra la inmigración (HB56), las cuales **controlan** a través de los colegios el estatus migratorio de los estudiantes. La policía **estará** autorizada a realizar controles aleatorios para verificar el estatus migratorio de todas las personas interceptadas y a detener a los indocumentados sin posibilidad de fianza. La administración de Obama, que **estima** que estas disposiciones **son** inconstitucionales, **presentó** un recurso el 1º de agosto. Aunque Barack Obama está a favor de una solución federal al problema migratorio, el "Dream Act" **fue** bloqueado por el Senado en diciembre de 2010. La oposición republicana rechazó firmemente esta política y **criticó** a la administración del actual mandatario por no reforzar la seguridad en la frontera con México.

TEXTO EN ESTILO INDIRECTO

Esta noticia dijo que el estado de Alabama (1) _____ en mayo de 2011 un conjunto de leyes más estrictas contra la inmigración y que estas leyes (2) _____ el estatus migratorio de los estudiantes en las escuelas de ese estado. Específicamente contó que, desde ese momento, la policía (3) _____ autorizada a realizar controles aleatorios e incluso detener a personas sin documentación. Dijo también que la administración del Presidente Obama (4) _____ que estas leyes (5) _____ inconstitucionales y que por eso (6) _____ un recurso (*appeal*). Finalmente, en esta noticia se recordó a los lectores que la "Dream Act" (7) _____ bloqueada por el Senado en diciembre del año anterior y también que la oposición republicana (8) _____ a la administración de Obama por no reforzar la seguridad en la frontera con México.

SAM 2 *Preguntas indirectas* (Gramática 6-2)

Roberto Medina tomó el examen de nacionalización para poder obtener la ciudadanía estadounidense. ¿Qué le preguntaron? Para cada una de las preguntas indirectas escribe (a) una palabra interrogativa y (b) el verbo en la forma correcta.

1. ¿Cuál es una razón por la que los colonos vinieron a los Estados Unidos?

2. ¿Cuándo lucharon los colonos contra los británicos?

3. ¿Quién escribió la Declaración de Independencia?

4. Mencione una guerra durante los años 1800 en la que participó Estados Unidos.

5. ¿Cuántos senadores hay en Estados Unidos?

1. Le preguntaron _____ los colonos _____ a los Estados Unidos.

2. Le preguntaron _____ _____ los colonos contra los británicos.

3. Le preguntaron _____ _____ Declaración de Independencia.

4. Le preguntaron _____ sabía el nombre de una guerra durante los años 1800 en la que _____ Estados Unidos.

5. Le preguntaron _____ senadores _____ en Estados Unidos.

SAM 3   *Construcciones condicionales* (Gramática 6-3)

Lee estas frases extraídas de un texto sobre el poder político de los latinos y su estatus migratorio en EE.UU. Después elige la opción correcta para completar las frases.

1. El poder político de los latinos está creciendo. Si _____ las cifras de población, veremos que los latinos cada vez son más relevantes en el juego político.

   a. analizáramos
   b. analicemos
   c. analizamos

2. El total de latinos en Estados Unidos es de aproximadamente 52 millones. Si todos _____ serían 19 millones de votos, porque el resto son menores de edad, o no tienen la ciudadanía.

   a. voten
   b. votasen
   c. votarían

3. Si los hispanos de Estados Unidos _____ , como los cubanos de Miami han hecho exitosamente, podrían convertirse en una fuerza política importante.

   a. se movilizaran
   b. se movilicen
   c. se movilizan

4. Si se movilizan por sus intereses, los latinos _____ ser una fuerza determinante en estados como California, Arizona, Texas y Nuevo México.

   a. podrán
   b. pudiesen
   c. puedan

5. Si se aprobara una ley de inmigración que diera la ciudadanía a los inmigrantes ilegales, el porcentaje de voto latino _____ dramáticamente y con él el poder político de este grupo.

   a. suba
   b. subirá
   c. subiría

6. Si _____ a los trabajadores sin permiso de estadía, EE. UU. perdería el 10% de su fuerza laboral.

   a. deportan
   deporten
   c. deportasen

7. En la película *Un Día Sin Mexicanos* se explora qué _____ en el estado de California si todos los latinos desaparecieran por 24 horas.

   a. ocurriría
   b. ocurrirá
   c. ocurriera

8. Si realmente _____ todos los latinos en California habría una crisis profunda y una gran recesión en la economía.

   a. desapareciesen
   b. desaparecen
   c. desaparezcan

SAM 4 *Construcciones condicionales* (Gramática 6-3)

Lee este texto que trata de un estudio reciente sobre los efectos que tendría una reforma migratoria en Estados Unidos. Determina si los verbos que faltan en las frases condicionales deben estar en *indicativo* (presente, futuro, o condicional) o en *imperfecto de subjuntivo*.

Un nuevo estudio del Center for American Progress y del Immigration Policy Center (IPC) ha concluido que si se (reformar) [1] _____ el deteriorado sistema migratorio de la nación, los beneficios económicos para los trabajadores estadounidenses serían extraordinarios. El informe señala que si hubiera una reforma migratoria el producto interno bruto del país se (incrementar) [2] _____ en un billón, quinientos mil millones de dólares (*$1.5 trillion*, en inglés) durante diez años.

El estudio afirma de forma contundente que si se (dar) [3] _____ estatus legal a los inmigrantes indocumentados se elevará el "piso salarial" de todos los trabajadores y se (generar) [4] _____ consumo suficiente para sostener entre 750.000 y 900.000 empleos. El estudio también deja claro que si el gobierno (llevar) [5] _____ a cabo (*carry out*) las propuestas de deportaciones masivas de algunos grupos en el Congreso, esto tendría efectos devastadores y (causar) [6] _____ pérdidas económicas de dos billones, quinientos mil millones de dólares (*$2.5 trillion,* en inglés) durante los 10 años siguientes.

Los críticos de la reforma señalan que los indocumentados desplazarían a los estadounidenses de ciertos empleos si el gobierno (abrir) [7] _____ un camino a la legalización, y que esto (provocar) [8] _____ una caída de los salarios, por ser mano de obra barata.

SAM 5   *Construcciones condicionales* (Gramática 6-3)

Lee este texto sobre el proyecto de ley llamado *DREAM ACT*. Identifica las frases condicionales y determina si los verbos que faltan deben estar en *indicativo* (presente, condicional) *o imperfecto de subjuntivo.*

Si se (aprobar) [1] _____ el DREAM Act, los jóvenes que llegaron a Estados Unidos antes de los 16 años de edad, sin antecedentes penales y en disposición de realizar estudios superiores, empezarían un proceso de seis años y al final obtendrían la residencia legal. Según los defensores de esta propuesta, si el Congreso y el Senado (pasar) [2] _____ esta ley, se beneficiarían más de dos millones de jóvenes.

[Continúa en la pág. siguiente...]

No obstante, los detractores del DREAM Act afirman que si esta ley (existir) [3]

_____, permitiría que millones de indocumentados se convirtieran en

ciudadanos estadounidenses. Además afirman que si se (regularizar) [4]

_____ a estos jóvenes, les quitarán las becas gubernamentales a los

estudiantes nativos.

El senador cubano-americano Marco Rubio (Partido Republicano) afirma que no se puede

aceptar el DREAM Act porque, si se (aceptar) [5] _____ , será equivalente

a una amnistía, un 'premio' para aquellos que hicieron algo ilegal; sin embargo, un estudio

del Migration Policy Institute afirma que, si se aprobase, sólo (alcanzar) [6]

_____ el estatus de residentes legales unos 800.000 de estos jóvenes.

Ante esta frustrante realidad, la Alianza Nacional de Comunidades de Latinoamérica y el

Caribe promueve protestas en colegios y universidades en apoyo a la ley con la idea de que,

si los jóvenes se movilizan, sus protestas (poder) [7] _____ tener un

impacto en la aprobación de la ley.

SAM 6   *Construcciones condicionales* (Gramática 6-3)

Estas frases resumen algunos puntos del Acta de Inmigración y Nacionalidad de EE.UU. Elige la
respuesta correcta para completar cada una de las frases condicionales.

1. Un extranjero puede obtener fácilmente un visado de trabajo y entrar en Estados Unidos como
   inmigrante legal _____ tenga una habilidad extraordinaria en las ciencias, artes, educación,
   negocios o atletismo.

   a. si
   b. no ser que
   c. siempre y cuando

2. No es necesario presentar una oferta de trabajo, _____ los solicitantes ingresen a los Estados
   Unidos con el fin de continuar desarrollando el trabajo por el cual se destacan.

   a. siempre que
   b. si
   c. excepto si

3. Un profesional con estudios superiores no puede obtener un visado de trabajo _____ tenga un certificado de trabajo aprobado por el Departamento de Trabajo de EE.UU. y una oferta de trabajo.

a. como si
b. a menos que
c. en el caso de que

4. Un inversionista no puede solicitar un visado de trabajo _____ viaja a los Estados Unidos con el fin de crear trabajos; además tiene que invertir al menos un millón de dólares con el fin de crear al menos 10 puestos de trabajo para ciudadanos americanos.

a. como si
b. excepto si
c. a menos que

5. Un médico extranjero puede ejercer la medicina en los Estados Unidos _____ pase un examen.

a. como si
b. a no ser que
c. con tal de que

6. Una persona extranjera tiene el derecho a reclamar la ciudadanía estadounidense _____ uno de sus padres es ciudadano de EE.UU.

a. siempre y cuando
b. en el caso de que
c. si

7. Una persona extranjera tiene el derecho a reclamar la ciudadanía estadounidense _____ sus padres estén en los EE.UU. en el momento del nacimiento.

a. excepto si
b. siempre y cuando
c. a no ser que

8. Si una persona piensa que tiene el derecho de reclamar la ciudadanía estadounidense, no debe pedir ningún tipo de visado, _____ sea determinado que claramente no tiene derecho a la ciudadanía.

a. a menos que
b. por si
c. como si

ENFOQUE 3: EL ESPAÑOL EN ESTADOS UNIDOS Y EL BILINGÜISMO

PERSPECTIVA LINGÜÍSTICA: VOCABULARIO

SAM 1

Lee este fragmento de un artículo sobre la educación bilingüe en Estados Unidos. Después escribe las ocho palabras que faltan. Escribe los nombres y adjetivos con el género (masculino o femenino) y número (singular o plural) correctos. Si son verbos, escríbelos en la forma y tiempo adecuados.

enseñanza   recurso   amenaza   minoritario   temor

destreza   tendencia   dominar   idioma   enseñar

Prácticamente todo el mundo en Estados Unidos habla sobre la importancia práctica de (1) _____ dos lenguas y, en general, se considera que las lenguas extranjeras son (2) _____ valiosas. Sin embargo, pocos americanos monolingües están dispuestos a hacer algo al respecto. Uno de cada seis residentes en Estados Unidos habla otro (3) _____ que no es el inglés en el hogar. Sin embargo, las (4) _____ lingüísticas de las comunidades que hablan idiomas (5) _____ no son suficientes para satisfacer (*meet*) las necesidades nacionales.

La triste realidad es que muy pocos consideran que el bilingüismo sea importante. A pesar de la creciente popularidad en California de la (6) _____ de inmersión doble, una forma muy efectiva de enseñar un segundo idioma, los padres angloparlantes han colocado a un total de **20.000** niños en estos programas. A muchas personas el crecimiento de la diversidad lingüística les produce (7) _____ o malestar y lo consideran una (8) _____ a su modo de vida y sus valores culturales.

SAM 2

Lee estos fragmentos en inglés y escribe el equivalente en español de las palabras en negrita. Escribe el artículo si es un nombre.

1. Are you a Hispanic or a Latino? The **term** _____ 'Hispanic' is preferred by more assimilated, conservative, and young population, while those who choose the term 'Latino' tend to be liberal, older, and sometimes radical.

2. The Hispanic immigrant population has become better **educated** _____ over time. Among Hispanic adult immigrants in the 1990s, about 59% had completed high school or college, 41% had a secondary degree and another 18% had finished college.

3. Some sociologists argue that the **melting pot** _____ often means little more than "Anglo conformity" and that assimilation is not always a positive experience – for either society or the immigrants themselves.

4. Bilingual education teaches children the school **subjects** _____ in the students' native language while they are learning English.

5. In some parts of the U.S., the **trend** _____ now seems to be immersing kids in English while teaching them a second language — frequently Spanish. This approach is applied to many U.S. children, not just the offspring of immigrants.

6. Many research studies show that **mastery** _____ of two languages in childhood is linked to positive cognitive benefits, including early reading, improved problem-solving skills, and higher scores on the SATs.

SAM 3

Escribe la palabra que falta (nombre o verbo) en el espacio en blanco.

	VERBOS	NOMBRES
1.	dominar	el
2.	enseñar	la
3.	aprender	el
4.		la amenaza
5.	conocer	el
6.		la imposición

PERSPECTIVA LINGÜÍSTICA: GRAMÁTICA

SAM 1 *El estilo indirecto: repetir las palabras de otros* (Gramática 6-1)

Lee esta noticia sobre el famoso concurso *Spelling Bee* que se organiza por primera vez en español en Estados Unidos. Después lee el resumen de la noticia en estilo indirecto y pon los verbos que faltan en el tiempo verbal correcto.

En julio de 2011 los campeones de distintas ciudades **se reunieron** en Albuquerque, Nuevo México, para competir en la primera versión hispana nacional del Spelling Bee, una competencia altamente popular entre estudiantes estadounidenses. La puesta en marcha de un concurso nacional en español es, para muchos, un reconocimiento del carácter multilingüe de Estados Unidos. "**Estamos reconociendo** que, como todos los otros niños del mundo, los niños hispanos necesitan más de un idioma para tener éxito en el mundo global", señaló Daniel Ward, editor de la revista Language Magazine que patrocina la competición. "**Es bueno** que **existan** estas iniciativas populares, que **harán** que los hispanos de segunda o tercera generación tengan interés en no perder el idioma de la casa", dijo Mayra Sánchez, maestra primaria en un barrio de mayoría hispana de Los Ángeles. "El concurso **dará** a los niños una comprensión del origen de las palabras y les **permitirá** aumentar el vocabulario", añadió la maestra Sánchez.

La noticia dijo que en julio de 2011 los campeones de varias ciudades (1) _____ en Albuquerque, Nuevo México, para competir en la primera versión hispana nacional del Spelling Bee. El señor Daniel Ward, editor de la revista *Language Magazine*, dijo que con este concurso (2) _____ que los niños hispanos también (3) _____más de un idioma para tener éxito en el mundo global. La maestra de primaria Mayra Sánchez dijo que (4) _____bueno que (5) _____estas iniciativas que (6) _____ que los hispanos de nuevas generaciones tuvieran interés en el idioma. La maestra dijo que este concurso (7) _____ a los niños comprensión del origen de las palabras y les (8) _____ aumentar su vocabulario.

SAM 2 *El estilo indirecto: repetir las palabras de otros* (Gramática 6-1)

Lee estas opiniones de tres hispanos que viven en Estados Unidos sobre el bilingüismo y el biculturalismo. Después elige la respuesta correcta para completar las frases en *estilo indirecto*.

1. Yarel Ramos, presentadora de TV: "*Yo crecí escuchando música regional mexicana de pequeña, pero cuando era adolescente eso no era considerado cool*".

   Yarel Ramos dijo que _____ escuchando música regional de pequeña.

    a. yo crecí
    b. ella creció
    c. ella había crecido

2. Yarel Ramos, presentadora de TV: *"Yo crecí escuchando música regional mexicana de pequeña, pero cuando era adolescente eso no era considerado* cool*"*.

    Yarel Ramos dijo que cuando _____ adolescente, la música mexicana no era *cool*.

    a. yo era
    b. ella era
    c. ella había sido

3. David Morse, director de escuela bilingüe: *"Estos niños, cuando entran a la escuela, generalmente hablan en español o son bilingües, pero para el momento en que se gradúen preferirán hablar en inglés"*.

    David Morse dijo que cuando los niños _____ a la escuela, generalmente _____ en español o _____ bilingües.

    a. entraron ... hablaron ... fueron
    b. entraban ... hablaban ... eran
    c. habían entrado ... habían hablado ... habían sido

4. David Morse, director de escuela bilingüe: *"Estos niños, cuando entran a la escuela, generalmente hablan en español o son bilingües, pero para el momento en que se gradúen preferirán hablar en inglés"*.

    David Morse dijo que los niños de su escuela _____ hablar inglés cuando _____.

    a. preferirán ... se gradúen
    b. iban a preferir ... se graduaran
    c. preferían ... se graduaran

5. Flavio Morales, presentador de radio: *"Al principio transmitíamos programas en español, pero después cambiamos al inglés porque, para estos jóvenes hispanos de segunda o tercera generación, cuenta más la cultura que el idioma"*.

    Flavio Morales dijo que _____ al inglés porque para los jóvenes hispanos de segunda generación la cultura _____ más que la lengua.

    a. habían cambiado ... contó
    b. habían cambiado ... contaba
    c. cambiamos ... contaba

SAM 3 *Preguntas indirectas* (Gramática 6-2)

Lee las preguntas de esta entrevista que le hicieron a una experta estadounidense en bilingüismo. Luego completa las preguntas indirectas con la palabra interrogativa y el tiempo verbal correctos. ¡Atención!: algunas frases requieren una palabra interrogativa y un verbo en un único espacio en blanco.

1. ¿Cuándo empezó a estudiar el bilingüismo?

2. ¿Es el bilingüismo aún considerado algo negativo en Estados Unidos?

3. ¿Por qué deben los padres enseñar su lengua nativa a sus hijos?

4. ¿Ha encontrado usted una correlación entre el bilingüismo y el retraso en la aparición de la enfermedad de Alzeimer?

5. ¿Cómo funciona el cerebro de una persona bilingüe?

6. ¿Tienen las personas bilingües otras ventajas?

7. ¿Por qué no se hace más énfasis en la educación bilingüe en Estados Unidos?

La entrevistadora le preguntó a la doctora …

1. … _____ a estudiar el bilingüismo.

2. … _____ el bilingüismo aún _____ considerado algo negativo.

3. … _____ los padres _____ enseñar su lengua nativa a sus hijos.

4. … _____ una correlación entre el bilingüismo y el retraso en la aparición de la enfermedad de Alzeimer.

5. . _____ el cerebro de una persona bilingüe.

6. … _____ las personas bilingües _____ otras ventajas.

7. … _____ no se _____ más énfasis en la educación bilingüe.

SAM 4 *Construcciones condicionales* (Gramática 6-3)

Lee estas frases de una entrevista con un lingüista experto en español sobre la dificultad de encontrar palabras en español para las nuevas incorporaciones tecnológicas, aparatos o instrumentos, que se denominan en el idioma en el que fueron inventados. Elige el verbo correcto para completar las frases.

1. Si yo (tener) _____ que elegir una palabra para decir en español "to forward", no elegiría 'forwardear' sino 'reenviar'.

   a. tengo
   b. tenga
   c. tuviera

2. La palabra 'emilio' para referirse a "e-mail" puede usarse si (es) _____ entre amigos, de broma, pero lo correcto es decir 'correo electrónico'.

   a. sea
   b. es
   c. será

3. Las palabras 'fútbol', 'penalti' o 'tenis' se usan en español como si (ser) _____ de origen español, pero en su origen son palabras del idioma inglés también.

   a. fueran
   b. sean
   c. son

4. Yo _____ la palabra 'tableta' y no 'tablilla' para referirse a "tablet", si la decisión fuera mía.

   a. preferiría
   b. prefería
   c. prefiera

5. Una palabra será considerada española solamente si (dar) _____ su asentimiento (*consent*) las 21 academias de la lengua española.

   a. dan
   b. dieran
   c. den

6. En lugar de "tweet", podemos decir 'mensaje de la red social Twitter', 'mensaje de Twitter', todo eso es correcto, excepto si (decir) _____ 'tweetear', que es un anglicismo.

   a. digamos
   b. diríamos
   c. decimos

7. Si todo (salir) _____ bien, "tableta " aparecerá hacia 2014 en la edición 23 del diccionario impreso de la Real Academia.

   a. sale
   b. salga
   c. saliera

SAM 5   *Construcciones condicionales* (Gramática 6-3)

Lee esta noticia sobre unas polémicas declaraciones de un político estadounidense acerca de la lengua española en Estados Unidos. Mira las frases condicionales y escribe los verbos que faltan en el tiempo y modo (indicativo o subjuntivo) correctos.

En 2007 el republicano Newt Gingrich calificó al idioma español como el "idioma del gueto". "Si nosotros (vivir) [1] _____ en México, diría que es muy importante para mí aprender español", dijo Gingrich, "pero estamos en Estados Unidos". Si nosotros (querer) [2] _____ que la gente aprenda el idioma de la prosperidad, y no el idioma del gueto, "debemos reemplazar la educación bilingüe con una de inmersión en inglés". Si se (establecer) [3] _____ que, para obtener la ciudadanía, los ciudadanos (tener) [4] _____ que pasar un examen en historia estadounidense y en inglés, "entonces no tendríamos que imprimir boletas de votación en otro idioma", dijo Gingrich.

Philip Williams, director del Centro de Estudios Latinoamericanos de la Universidad de Florida, dijo que las declaraciones de Gingrich reflejaban su ignorancia total con respecto al idioma español y la comunidad latina en los EE.UU. "El español es el segundo idioma del mundo en número de hablantes nativos y 45 millones de personas hablan español en Estados Unidos. Si se califica como "idioma del gueto" se (estar) [5] _____ diciendo que la mayor parte de los hispanohablantes viven en un gueto, lo cual es absurdo y extremadamente ofensivo. Hay estudios recientes que muestran que, en el mercado laboral estadounidense, si una persona (saber) [6] _____ español, significa una media de entre 7.000 y 8.000 dólares más de salario bruto anual. Por lo tanto, la competencia en español supone una ventaja económica demostrada.

SAM 6   *Construcciones condicionales* (Gramática 6-3)

Lee este texto sobre las diferentes concepciones del bilingüismo. Completa el texto con los verbos el tiempo y modo (indicativo o subjuntivo) correctos.

Para algunos expertos, una persona es bilingüe siempre y cuando (dominar) [1] _____ a la perfección dos o más idiomas, pero para otros es bilingüe cualquier persona, con tal de que (comunicarse) [2] _____ en una lengua distinta a la propia, independientemente del nivel que posea. El famoso lingüista Bloomfield (1933) dijo que una persona podía ser considerada bilingüe siempre que (dominar) [3] _____ dos lenguas "igual que un nativo". Desde este punto de vista, una persona no puede llegar a ser completamente bilingüe, a no ser que (comenzar) [4] _____bel estudio de la lengua de niño, y preferiblemente antes de los 7 años de edad. A menos que uno (crecer) [5] _____ en un entorno de immersión en dos lenguas, es muy difícil dominar ambos idiomas con la misma perfección. Por eso otros lingüistas como Macnamara (1969) dicen que, con tal de que la persona (tener) [6] _____ habilidades en una de las cuatro modalidades de la segunda lengua -hablar, entender, escribir, leer-, además de las habilidades en su primera lengua, puede considerarse 'bilingüe.

SAM 7   *Uso del pluscuamperfecto de subjuntivo y el condicional compuesto* (**Gramática 6-4**)

Completa estas frases sobre los hispanos en Estados Unidos. Decide primero si necesitas un *tiempo simple o compuesto*, y después elige la opción correcta.

1. La Corte Suprema de Estados Unidos desestimó (*overthrew*) en 2012 parte de la ley de inmigración de Arizona que criminalizaba no portar documentos de identificación para demostrar la permanencia legal en el país. El candidato a la presidencia Mitt Romney comentó que "habría preferido que la Corte Suprema _____ más flexibilidad a los estados".

   a. habría dado
   b. hubiera dado
   c. había dado

2. Si César Chávez no _____ en los años sesenta del siglo XX la lucha por los derechos de los inmigrantes mexicanos, los trabajadores migrantes no habrían mejorado sus condiciones de trabajo.

   a. habría iniciado
   b. iniciara
   c. hubiera iniciado

3. Si Estados Unidos _____ el Tratado de Guadalupe Hidalgo, el derecho a la educación bilingüe se habría respetado más.

a. hubiera respetado
b. habría respetado
c. respetara

4. _____ mucho más fácil desarrollar programas bilingües en Estados UNidos si el Acta de Educación Bilingüe de 1968 hubiera sido una ley federal.

a. Fuera
b. Hubiera sido
c. Habría sido

5. Samuel Huntington habría tenido menos enemigos entre la población latina si no _____ en contra de la población hispana de Estados Unidos.

a. hubiera escrito
b. habría escrito
c. escribiera

6. Me gustaría mucho que Junot Diaz _____ su novela *Oscar Wao* en español.

a. escribiera
b. habría escrito
c. hubiera escrito

7. Cantantes como Shakira o Juanes no _____ tanto éxito en Estados Unidos si hubieran grabado sus canciones solamente en español.

a. habrían tenido
b. tuvieran
c. hubieran tenido

8. Si la guerra de México y Estados Unidos no hubiera ocurrido, muchos estados como Arizona o Nuevo México _____ parte de México ahora.

a. habrían sido
b. fueran
c. serían

SAM 8 *Uso del pluscuamperfecto de subjuntivo y el condicional compuesto* (**Gramática 6-4**)

Lee estas frases sobre la educación bilingüe en Estados Unidos. Completa después las frases condicionales de manera correcta. ¡Atención!: considera primero si las frases se refieren al presente o al pasado.

1. La alternancia entre políticas con tolerancia hacia la diversidad cultural y lingüística y otras políticas de tendencias nacionalistas y asimilacionistas dirigió el destino de la enseñanza bilingüe.

   Si la política no (tener) _____ un papel en las decisiones, esta decisiones (ser) _____ muy diferentes.

2. El tratado de Guadalupe Hidalgo de 1848 estableció una cláusula especial para la protección del español en California, Nuevo México, Arizona y Texas, pero no se respetó.

   Si el tratado se (respetar) _____, estos estados (poder) _____ mantener una parte mucho mayor de su población hispanohablante.

3. En los años 60, el movimiento chicano logró nuevas condiciones para la diversidad lingüística en las escuelas públicas del país. Gracias a este movimiento se aprobó el *Acta de Educación Bilingüe* de 1968.

   Si el movimiento chicano no (existir) _____ , estados como California no (avanzar) _____ en la educación bilingüe.

4. El acta *No Child Left Behind* de 2001 continúa afectando negativamente el desarrollo de programas bilingües en las escuelas públicas.

   Si el acta no (existir) _____ , este país (tener) _____ muchos más programas bilingües.

CPSIA information can be obtained
at www.ICGtesting.com
Printed in the USA
LVOW02s0804090816

499596LV00001B/3/P